スポーツまちづくりの教科書

松橋崇史／高岡敦史●編著

笹生心太／束原文郎／
岩月基洋／関根正敏●著

青弓社

スポーツまちづくりの教科書
目次

はじめに　高岡敦史……… 9

第1章
スポーツまちづくりの枠組み
松橋崇史 ——————————————————— 13

1　スポーツまちづくり……… 14
2　スポーツまちづくりCUBEの3要素……… 14
3　スポーツまちづくりCUBEの見方と使い方……… 18
4　スポーツまちづくりの出発点……… 19
5　移行の方法とパターン……… 20
6　本書の構成……… 20

第2章
地元企業・団体の
エネルギーを生かす！
松橋崇史／笹生心太 ————————————————— 25

1　老舗企業が主導するスポーツまちづくり
新潟県三条市の事例
松橋崇史 ——————————————————— 26

1　「鍛冶の町」三条と水害……… 27
2　阪神ファーム戦の誘致……… 29
3　ネットワークの広がりと大学野球次世代育成リーグの開催……… 33
4　広がる活動とその支援者……… 36
5　スポーツまちづくりの事業性を担保する自治体の理解……… 38
6　老舗企業が主導するスポーツまちづくり……… 39

2　地元密着型ボウリング場の挑戦
宮城県気仙沼市の事例
笹生心太 ——————————————————— 41

1　気仙沼さくらボウルの歴史……… 42
2　固定客の確保と事業性の向上……… 46
3　ボウリング以外の事業による新たなネットワーク作り……… 50
4　気仙沼さくらボウルのスポーツまちづくりの特徴……… 52

第3章
地元で盛んなスポーツを生かす！
岩月基洋／関根正敏 ———————————————————— 57

1 常勝によってつくられた「バスケの街」を支えるまちづくり
秋田県能代市の事例
岩月基洋 ———————————————————————— 58

1 能代市と「バスケ」——圧倒的な強さを誇った能代工業バスケ部の存在……… 59
2 市民のネットワーク形成を促進するための推進計画……… 61
3 推進組織×助成制度×拠点施設による事業性の確保……… 64
4 バスケの街づくりの推進状況を可視化する
　——成果と課題にみるスポーツインフラとしての可能性……… 66
5 バスケの街づくりの今後の展望……… 71

2 国際大会から波及した「自転車のまち」
栃木県宇都宮市の事例
関根正敏 ———————————————————————— 75

1 国際大会という既存資源を生かす……… 76
2 「自転車のまち」の推進主体としてのプロチーム……… 81
3 「自転車のまち」の進展に向けて……… 86

第4章
トップチームのエネルギーを生かす！
束原文郎／松橋崇史 ———————————————————— 91

1 スポーツ＝モノづくりを起点としたまちづくり
下町ボブスレーネットワークプロジェクト（東京都大田区の事例）
束原文郎 ———————————————————————— 92

1 プロジェクトの概要と社会背景……… 94
2 社会的ネットワークの形成・強化……… 97
3 製作したボブスレーをスポーツインフラとして機能させる取り組み……… 98
4 事業性の確保……… 102
5 情報発信と波及効果……… 104
6 まとめにかえて……… 106

2 スタジアムを核としたプロ野球球団と地方自治体のパートナーシップ
北海道北広島市／福岡県筑後市の事例
松橋崇史 ——————————————————— 109

1 プロ野球とスタジアムビジネス……… 110
2 HAWKSベースボールパーク筑後
　──福岡ソフトバンクホークスと筑後市のパートナーシップ……… 112
3 HAWKSベースボールパーク筑後建設の成果と課題……… 113
4 北海道日本ハムファイターズの新球場建設と
　北海道北広島市とのパートナーシップ……… 114
5 誘致活動と建設決定の影響……… 115
6 プロチームの本拠地というスポーツインフラ……… 117

コラム
よそでおこなわれていないスポーツを振興していたら、まちづくりにつながった！
育つべくして育ったカーリング娘　束原文郎……… 118

第5章 外発的開発のエネルギーを生かす！
高岡敦史／松橋崇史 ——————————————————— 123

1 補助金獲得を足がかりにした地元産のスポーツまちづくり
岡山県新庄村の事例
高岡敦史 ——————————————————— 124

1 中山間地域の困難さ……… 125
2 村外からの支援で進められてきた観光客誘致……… 126
3 村内の社会的ネットワークを生かし育てるイベントに……… 130
4 SHSTをスポーツインフラに！……… 133
5 中山間地域のスポーツまちづくりが直面する事業性確保という課題……… 136

2 「若者」による中山間地域を舞台にしたスポーツまちづくり
新潟県三条市下田地区の事例
松橋崇史 ——————————————————— 140

1 三条市の地域活性化策と下田地区……… 141
2 NPOソーシャルファームさんじょう……… 143
3 下田地区のスポーツまちづくりとしての可能性……… 151

第6章

ネットワークであれもこれも生かす！
組織を超えるネットワークが支えるスポーツまちづくり
岡山県岡山市の事例
高岡敦史 ——————————————————— 153

- 1 おかやまスポーツプロモーション研究会が立ち上がった背景……… 155
- 2 おかやまスポーツプロモーション研究会の運営……… 158
- 3 事業化を起動させるスピンオフ……… 161
- 4 SPOC研究会がプラットフォームになりえた理由……… 166
- 5 事業性の確保とハードインフラの調達という2つの課題の解決……… 168

第7章

スポーツまちづくりのFAQ
ノウハウ篇
松橋崇史／高岡敦史／笹生心太／
束原文郎／岩月基洋／関根正敏 ——————————— 179

- 1 これからスポーツまちづくりに本格的に取り組もうとする場合……… 183
- 2 スポーツまちづくりを今後より発展させようとする場合……… 196

第8章

スポーツまちづくりの進め方
事例比較からのインプリケーション
松橋崇史 ——————————————————— 205

- 1 スポーツインフラ……… 206
- 2 社会的ネットワーク……… 212
- 3 事業性……… 217

おわりに 高岡敦史……… 223
あとがき 松橋崇史／高岡敦史……… 227

カバー写真提供——3x3.EXE PREMIER
（クロススポーツマーケティング株式会社）
装丁・本文デザイン——スタジオ・ポット［山田信也］

はじめに

高岡敦史

　少子高齢化による人口減少、地方から大都市圏への人口流出、浮上の兆しがみえない経済活動の低迷……。日本の地域社会はいま、先が不透明な時代にあります。

　そんな折、救世主のように各地で脚光を浴びているのがスポーツです。2019年のラグビーワールドカップ、20年の東京オリンピック・パラリンピック、21年のワールドマスターズゲームズの開催決定は、各地でスポーツを生かした地域活性化や関連産業の振興に火をつけています。

　それらに関連する施策を展開するスポーツ振興や観光振興、地域振興、経済振興を担当する部局の職員や、スポーツイベントをビジネスチャンスと捉える企業関係者、有識者としてスポーツ振興やまちづくりに関わる高等教育機関の教職員やスポーツ指導者たち、そしてこれまでにない期待と使命を与えられたスポーツ界の関係者は、「スポーツまちづくり」という新しい仕事に意欲をもって取り組んでいることでしょう。しかし、どうしてもぬぐえない一抹の不安は、次のような疑問に端を発しているのではないでしょうか。

　人が集まるスポーツイベントをどれだけやれば、地域は活性化するのだろうか。

　スポーツを活用した地域活性化が求められているけれど、どのようなことを成果とみなせばいいのだろうか。

　うちの地域には、高い集客力をもつプロスポーツや大規模なスポーツ施設がないのだけれど、どうやってスポーツを活用した地域活性化をすればいいのだろうか。

　自分たちの力だけで地域活性化はできそうにない。でも、連携してくれる人たちをどう見つければいいのだろうか。

　スポーツ関係者は普及・強化には関心があるけれど、まちづくりや地域活性化にも関わってくれるだろうか。

2020年以降も国の補助金は出るだろうか。

そんな疑問の数々です。

スポーツは華やかに見えます。ビッグスポーツイベントになれば、なおのことです。スポーツというコンテンツに多くの人が集まり、まちなかの回遊性が高まり、産業集積を生む様子はスポーツがもつポジティブな可能性への大きな期待を抱かせてくれるでしょう。しかし、前もって考えておかなければいけない肝心なことが抜け落ちているのではないでしょうか──。

1、地域活性化やまちづくりに向けて、既存のスポーツクラブやスポーツ施設などをどう生かせばいいのか（スポーツインフラの問題）。
2、スポーツまちづくりを進める体制をどう作ればいいのか（社会的ネットワークの問題）。
3、スポーツまちづくりの持続可能性をどう担保すればいいのか（事業性の問題）。

1については、「スポーツインフラ」という新しい考え方を取り入れて、スポーツを集客や経済活動のコンテンツとしてではなく、まちづくりの可能性やエネルギーを生み出していくためにアクセスできる社会的な資本として捉えて、スポーツまちづくりの取り組みを説明していきます。

2については、「社会的ネットワーク」という概念を応用して、スポーツまちづくりを文字どおりのまちづくりとして展開していくための組織や市民の連携・協働体制の構築や機運醸成の進め方を考えていきます。

3については、スポーツまちづくりの事例の理解に「事業性」という補助線を引いて、経済的な自立性や事業の継続性・将来性といった持続可能性を検討していきます。

これら3つの要素は、「スポーツまちづくりCUBE」という新しい総合的な認識の枠組みを構成しています。スポーツまちづくりCUBEについては第1章「スポーツまちづくりの枠組み」で論じます。そして、第2章「地元企業・団体のエネルギーを生かす！」から第6章「ネットワークであれ

もこれも生かす！――組織を超えるネットワークが支えるスポーツまちづくり 岡山県岡山市の事例」で取り上げるスポーツまちづくり事例も、これら3つの要素から説明していきます。

　また、第7章「スポーツまちづくりのFAQ――ノウハウ篇」では、スポーツまちづくりを進めていくうえでぶつかると思われる具体的な問題と、本書で取り扱う事例から導き出された回答をQ＆A方式で整理しています。

　本書の執筆者は、スポーツ経営学やスポーツ社会学などを専門としている大学研究者です。私たちは、スポーツまちづくりの現場に、研究者として、あるいは当事者として関わり、現場を理解し、研究対象としたり、現場に提案したりしています。そのような立場から、スポーツを生かした地域と経済の活性化に関わる行政や経済界の関係者たち、スポーツ界の人たち、あるいはまちづくりに関わっている人たちが、スポーツまちづくりに関わるうえでの心もとなさや先行き不透明感、不安や悩みを少しでも解消できるようにという思いで執筆しました。

　先が見えない社会のなかでスポーツまちづくりを進めようとしている人たちにとって、本書がわずかでも助けになればうれしく思います。

第1章
スポーツまちづくりの枠組み

松橋崇史

1 スポーツまちづくり

　本書では、スポーツを活用したまちづくりを「スポーツまちづくり」と呼び、スポーツまちづくりの進め方を捉えやすくするために、スポーツまちづくりCUBEという枠組みを使う。第2章「地元企業・団体のエネルギーを生かす！」以降のさまざまなケースもCUBEを使って分析する。

　「まちづくり」には、いくつもの定義が存在し、その実践も多様である。多くの定義や実践に共通するのは、①行政単独や特定の企業単独の取り組みではなく、さまざまな人たち（多くの市民、地域団体、行政や企業が含まれる）が担っているということと、②「まち」(1)を暮らしやすくにぎわいのあるようにするための取り組みであるということ、そして、③にぎわいや暮らしやすさをもたらす取り組みがほかのまちづくりの次の活動に波及していくという期待が込められていることである。

　スポーツまちづくりにもさまざまな活動がある。さまざまなスポーツのプロクラブが主導するスポーツまちづくり、トライアスロンやサイクリングの中心地を目指すことによって進めるスポーツまちづくり、シティーマラソンなどの地域内外の一般市民が参加するスポーツイベントを盛り上げることで進めるスポーツまちづくり、地域スポーツクラブの運営を工夫することによって市民の交流と活動を促し、まちのにぎわいを生み出すスポーツまちづくり、国際レベル・全国レベルのクラブやトップアスリートを地域から輩出することによるスポーツまちづくり、などである。

2 スポーツまちづくりCUBEの3要素

　スポーツまちづくりを進めていくためには、スポーツがもつさまざまな力を生かすことが重要だ。そんな「力」には、地域の求心力（地域愛着やシビックプライド）を高める力や地域内外から人々を集める力、経済効果を生む力などがある。まちづくりとして多様な人たちや組織・団体に支えてもらい、関係者が仕事として従事できるような環境を作りながら、持続可能な活動にしていく必要がある。公共スポーツ施設を有し、スポーツ活動に補助金を出す行政の役割も重要だ。

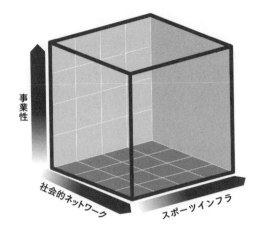

図1　スポーツまちづくりCUBE(2)
（©松橋崇史／高岡敦史／笹生心太／東原文郎／岩月基洋／関根正敏）

　スポーツまちづくりの成果を高めていくために必要な要素のうち、本書では、特に重要な要素として「社会的ネットワーク」「スポーツインフラ」「事業性」の3つを抽出した。スポーツまちづくりCUBEはこの3要素を軸にする。社会的ネットワークと事業性は従来から広義のまちづくりでも重要性が指摘されてきた。スポーツインフラは本書が独自に提示する要素である。

　「社会的ネットワーク」は、スポーツまちづくりをめぐる組織・団体や関係者の連携・協働のつながりのネットワークである。スポーツまちづくりを進めていくことに共感する多様な人たちによって構成され、その規模も範囲も多様である。「まち」の内部にすでに存在しているものもあれば、スポーツまちづくりのために新たに形成されるものもある。また、「まち」の範囲を超えて、広くスポーツまちづくりのテーマに共感したり関心をもっていたりする人たちによって構成される場合もある。地方都市のスポーツまちづくりであれば、その地方都市出身の人たちのネットワーク（同じ高校出身の同窓生など）などが想定できる（図2）。

　スポーツまちづくりをめぐる共感や連携・協働のつながりとしての社会的ネットワークは、スポーツまちづくりの機運を育む基盤だったり、まちづくりの実践集団だったりするが、いずれにせよ、ネットワークが広がり、参加者が増えることと、ネットワーク内の交流が活発になってソーシャルキャピタル（信頼関係や結び付き）が豊かになることによって、スポー

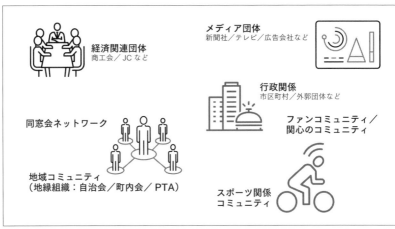

図2　社会的ネットワークに含まれるものの例

ツまちづくりが進めやすくなる。

　ソーシャルキャピタルが豊かになって、ネットワーク内のお互いさまの規範意識や信頼関係が高まると新しい活動が生まれやすくなる。スポーツまちづくりは特定の活動や事業だけで成り立つものではなく、同時多発的にいろいろな活動を展開することによって広がりが生まれる。そのためにも、ソーシャルキャピタルが豊かなネットワークを構築していくことが求められる。

　「スポーツインフラ」は本書が独自に提示する要素である。

　スポーツまちづくりは、スポーツがもつまちづくりの促進機能に注目したまちづくりだ。都市が鉄道や道路、公共施設などの基本的なインフラの整備によって形成されていくように、スポーツまちづくりでは、スポーツ大会やプロリーグ、トップクラブやトップ選手がインフラとなって始まり、発展していく（図3）。

　例えば、まちを挙げて応援して支えてきたスポーツクラブからオリンピック選手が生まれれば、そのことでまちが活気づいて支援の輪が広がる。地域密着のサッカークラブがJリーグ昇格を決めれば地域内外の多くの人がクラブを支援し、応援するようになる。スポーツ施設が、さまざまな事業を展開するなかで、地域コミュニティの核として機能するようになる。ここでは、オリンピックや代表選手、Jリーグやサッカークラブ、スポーツ施設がスポーツまちづくりの「インフラ」になっている。

インフラ（インフラストラクチャー）は下部構造という意味で、一般的には、社会的・経済的な基盤としての上・下水道、電気、ガスや学校、病院、道路、鉄道路線、バス路線などを指す。インフラがインフラたりうるには、これらのものが十分機能している必要があるわけだが、スポーツインフラも、スポーツまちづくりを促進する機能をもつ必要があり、類似の意味合いでインフラという言葉を使う。一方、スポーツがまちづくりを促す機能をもたない（まちづくりのために使いにくい）場合、その地域に、プロクラブが存在し、スポーツ施設が立地していたとしても、それらはスポーツインフラにはならないと言える。

プロクラブがまちづくりのインフラになるべきだということを明示的に打ち出したのは、「地域密着」を掲げたJリーグだ。地域密着を実践するクラブは、地域の商店街や小・中学校を巡ってスポーツの魅力を伝え、地域の祭りに積極的に参加していった。多くの人たちにクラブ支援を依頼し、市民ボランティアがゲーム運営を支えるようになった。クラブをめぐる社会的ネットワークが広がり、そのことで経営が安定するクラブも現れた。一方、どんなに強いプロクラブがあったとしても、スポーツまちづくりに関わりをもとうとしないプロクラブは、スポーツまちづくりのインフラにはなりにくい。プロではない草の根の地元のスポーツクラブでも、まちづくりに寄与しながらクラブ経営をおこなえば、スポーツまちづくりのインフラになりうる。スタジアムもスポーツ大会もその運営次第で、スポーツ

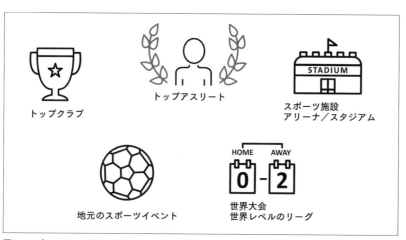

図3　スポーツインフラになりうるものの例

第1章　スポーツまちづくりの枠組み

図4　事業性を支えるさまざまな要素

インフラになりうるし、ならない場合もある。

「事業性」は、新規性や将来性、あるいは投資効果が高いスポーツまちづくりをおこなうことで必要な資源を確保し、スポーツまちづくりに継続性をもたせていくことである。活動が地域でよく評価されれば、協力的な人が増えて参加費や協賛金、物品協賛、寄付、公的補助を得やすくなる。ボランティアで関わる人、SNS（ソーシャルネットワーキングサービス）で情報を発信する人、仕事のノウハウやネットワークを使おうとする人など、いろいろな人が現れる。まちづくりとして支援の輪が広がっていくのである。スポーツまちづくりの「事業性」は、売り上げを増やすことで可能になる経済的な継続性に加えて、多くの人がさまざまな動機で支えることによって提供されるあらゆる資源で可能になる継続性も含む（図4）。

3 スポーツまちづくりCUBEの見方と使い方

　スポーツまちづくりCUBEは、実務的課題に沿った実践的なものである。CUBEのなかで高い成果（＝スポーツがまちの暮らしやすさを高め、にぎわいを創出して、まちづくりのほかの諸活動にもいい影響を与えることができる）を生み出す可能性がある象限は、3軸のそれぞれが満たされている右上となる。

　第2章以降、スポーツまちづくりCUBEを前提に、各事例の実践がどの

ように進んだのかみていくが、その準備として、スポーツまちづくりCUBEの見方や使い方について、説明を加えておこう。

4 スポーツまちづくりの出発点

　スポーツまちづくりに向けた活動が何も始まっていなければ、その地点での実践は左下に位置づくが、実際には、すでに存在する地域の特徴や強みを生かしながら進めていくことになる。

　社会的ネットワークは、日常的な付き合いがある職場のつながり、地域の町内会などのつながり、商工会議所のつながりや青年会議所のつながり、同じ高校出身の同窓仲間のつながり、競技仲間のつながりなどがすでに地域に存在している場合がある。それらのネットワーク内の交流が普段から盛んで、スポーツまちづくりを動かすことに力が向かえば、スポーツまちづくりを動かす社会的ネットワークが存在していることになる。こうした社会的ネットワークは、誰かがイニシアティブを発揮することで動きだしたり形成されたりすることもあれば、プロクラブのはたらきかけやスポーツイベントの誘致を契機に動きだすこともある。

　スポーツインフラについて、既存の資源を、スポーツインフラとして生かせれば、スポーツまちづくりが比較的スムーズに起動できるだろう。一方で、多くのスポーツまちづくりの事例では、既存の資源を活用しながらも、スポーツインフラを新たに創出する場合がほとんどである。プロクラブの育成を始める、国際的なスポーツイベントを誘致する、独自のスポーツイベントを新たに開催する、といった取り組みは、いずれも、新たにスポーツインフラを創出し、まちづくりに活用していく、ということである。

　事業性について、例えば、すでにスポーツまちづくりの関連領域で売り上げを示している組織（プロクラブや公共スポーツ施設の指定管理者）や行政が、スポーツまちづくりにコミットしたり、スポーツまちづくりと親和性が高いNPOや企業が、社会貢献や地域貢献として（収益事業としてでもいい）活動に関与することができれば、事業性の確保は容易になる。それぞれの組織のリソースをスポーツまちづくりに利用するからである。地元の住民組織や商工会がスポーツまちづくりに関与する場合も、一定の活動費

が捻出可能となったり、ボランティアなどで担い手の確保がしやすくなったりすることで、事業性が高まることになる。大学がスポーツまちづくりに積極的に関与していくという場合もある。

スポーツまちづくりのスタートは、必ず左下にあるわけではない。地域ごとの特徴や強みを認識し、スタートがどこにありどこに注力して活動を進めていくべきなのか、考えていくことが重要である。

5 移行の方法とパターン

本書では、図1の左下から右上へと移行するための方法について、第2章以降の事例でみていき、第7章「スポーツまちづくりのFAQ──ノウハウ篇」と第8章「スポーツまちづくりの進め方──事例比較からのインプリケーション」でまとめていく。スポーツまちづくりの進め方について、どの方法を採用するのか、また、どのルートで移行していくのかは、地域ごとに異なり、それぞれの状況に合わせて検討していく必要がある。

CUBEの1つの要素に絞ってじっくりと進めていく場合もあれば、3つを同時並行的に進めていく場合もあるだろう。各要素はポジティブに影響を与え合うこともあればネガティブにはたらくこともある。こうした方法論は、第2章から第6章の分析を踏まえ、第7章と第8章でまとめて提示していくことにする。

6 本書の構成

本書は、スポーツまちづくりCUBEを下敷きに、各地域やそれぞれの読者が置かれた状況を意識しながら、大きく5つのトピックに分けて、11個の事例を分析対象として、スポーツまちづくりの進め方を提示していく。なお、本書の分析対象事例は、一般に「成果を挙げている事例」として認識されていないものも多く、多くの読者にとって初めて目にするものばかりかもしれない。こうした事例をあえて分析対象に選択している理由は、スポーツまちづくりで成果を挙げようとするための過程を分析し、残りの課題をCUBEの軸ごとに提示して、今後の方策を検討していくことが、実

践的な立場をとったときに重要になると考えたからである。「成功」は相対的なものであり、常に次の課題を見極めて前進しようとする点にまちづくりの本質がある。そうした実践的な課題解決を支援しようとする点に、スポーツまちづくりCUBEを提案・利用することの目的がある。

● **実務に関わっている人たち**

　実践現場で課題に直面している読者は、第7章を入り口に本書を読み進めていただくといい。第7章では、スポーツまちづくりを推進していくうえでの主要な課題をクエスチョンとし、それに対するアンサーをQ＆A方式で提示した。詳細な内容は目次を確認していただきたい。

　Q＆Aの項目の説明は抽象的なものとなっている。より詳しく内容を知りたい場合は、各アンサーにガイドとして提示されている第2章から第6章の該当箇所（本書以外をガイドとして指定している場合もある）に移動して、詳細を理解していただきたい。

● **第2章からの構成**

　第2章「地元企業・団体のエネルギーを生かす！」では、地元企業がスポーツ施設を舞台にスポーツまちづくりに挑戦する2つの事例を取り上げる。一定の事業性を伴いながら、スポーツ施設をスポーツインフラとして生かし、社会的ネットワークを広げながらスポーツまちづくりを推進しようとしている事例である。

　ひとつが宮城県気仙沼市のボウリング場の取り組みである。2011年の東日本大震災の際に津波でボウリング場が流されてしまった老舗企業が、ボウリング場を新設してスポーツまちづくりに取り組んでいる。アミューズメント施設としての再興を図ると同時に、ボウリング場を地域ネットワークの結節点として地域の憩いの場になるような工夫を展開している。ボウリング場の再建とそれを主導した人たちを中心に事例を紹介する。

　もう1つの事例、新潟県三条市では、農機具販売を主事業として戦前に創業した企業が地元の公共スポーツ施設の指定管理者になって、管理施設の野球場を舞台にスポーツまちづくりを仕掛けている。プロ野球や大学野球の育成リーグの誘致をしながら、それを支える社会的ネットワークを同時に育て、社員自ら汗を流しながらそれらの運営に取り組んでいる。企業に社会性を問う風土が今後ますます高まっていくなかで、地元企業がスポ

ーツまちづくりを主導する事例として参考にできる地域も多いはずだ。

　第3章「地元で盛んなスポーツを生かす!」では、地元で盛んなスポーツをインフラとしてスポーツまちづくりに生かす2つの事例を取り上げる。

　秋田県能代市には、高校バスケットボール界で有名な県立能代工業高校があり、立派な体育館や合宿施設、毎年開催される高校バスケットの全国選抜大会が存在する。能代市では「バスケの街づくり」を推進し、活動基盤になる社会的ネットワークを能代市が主導して形成し、そこに地域内の商業、教育、競技の関係者を集めている。市は「能代市バスケの街づくり推進計画」を策定するための会議を重ね、活動活性化の機運を高めていった。その過程を紹介していく。

　さまざまな顔をもつ栃木県宇都宮市は、自転車が盛んな街としても有名である。現在、プロ自転車ロードレースチーム"宇都宮ブリッツェン"を有する宇都宮市では、世界的な自転車ロードレースの継続的な誘致につなげ、地域が運営や資金面で大会を支える。宇都宮ブリッツェンの選手も大会に出場することで自転車ロードレースを楽しみ、応援する土壌が生まれつつある。

　第4章「トップチームのエネルギーを生かす!」では、トップレベルのプロスポーツやオリンピックへの関与を実現することでスポーツまちづくりを推進していこうとする2つの事例を取り上げる。

　東京都大田区の「下町ボブスレーネットワークプロジェクト」は、2014年のソチ・オリンピック、18年のピョンチャン・オリンピックに出場する代表チームを支援することをきっかけに発展を遂げ、世界水準のボブスレーを作成するために支援ネットワークを広げてきた。結果的にこのボブスレーがソチとピョンチャンの舞台に立つことはなかったが、プロジェクトがオリンピックを目指すなかでどのような経緯で発展したのかを紹介する。

　もうひとつの事例が、プロ野球球団と地方自治体のパートナーシップである。プロ野球球団は本拠地を変えることがないと思われがちだが、変えることは可能だ。福岡ソフトバンクホークスは2軍施設を福岡県筑後市に建設した。日本ハムファイターズは初の本拠地を北海道の北広島市に建設することを発表した。双方の鍵は、自治体とのパートナーシップであり、プロチーム誘致をまちづくりに生かそうとする自治体とそれに寄与しなが

ら発展を目指す球団の狙いが一致して実現している。コラムでは、ピョンチャン・オリンピックでの活躍が記憶に残るLS北見を生み出した北海道北見市常呂町がどのようにしてカーリングのまちとなったのかについて説明する。

第5章「外発的開発のエネルギーを生かす!」では、中山間地域が外発的な力を使いながらも自らの力を高めて進めるスポーツまちづくりについて扱う。国の制度を活用して補助を受け入れながら、地域に存在する資源をスポーツインフラとして活用し、スポーツまちづくりを推進している事例である。

岡山県新庄村で開催されている新庄・蒜山スーパートレイルは、外部からのはたらきかけと外部のアイデアや補助金の獲得をきっかけに地元のネットワークが動きだし、域内の多様な人たちが協力している大会である。補助金が得られる期間が終わったあとで、どのように大会の開催を続けていくのか、他地域に劣らない大会の魅力をどのように出していくのかという試行錯誤が繰り広げられ、その過程で、さまざまなアイデアが生まれている。

新潟県三条市の中山間地域にあたる旧下田村地区では、地域おこし協力隊として移住した人たちが、地域の理解と支援を受けながら、スポーツ合宿の誘致やスポーツクラブの創設などを進めてきた。地域の公民館や廃校になった小学校を拠点にしたスポーツ合宿では、地域住民との交流、農産物の提供、山川でのアクティビティを提供する。一定の事業性を確保することで地域おこし協力隊の3年間の任期が切れたあとも、一部の協力隊は下田地区に関与しながら活動をおこなっている。彼らが下田地区に関与し続けることで、域外のスポーツチームが合宿に訪れて下田地区内の人たちと交流することになって社会的ネットワークの維持・拡大につながり、スポーツまちづくりを志すほかの人材を下田地区に引き付けている。

第6章「ネットワークであれもこれも生かす!――組織を超えるネットワークが支えるスポーツまちづくり 岡山県岡山市の事例」では、スポーツまちづくりをめぐる社会的ネットワークの形成に力を入れることで、スポーツまちづくりを進めていこうとしている事例として、岡山県岡山市の取り組みを扱う。

岡山県岡山市で2015年から活動しているおかやまスポーツプロモーション（SPOC）研究会は、経済界、行政、メディア、大学が主導して形成さ

れた社会的ネットワークである。SPOCを基盤に、地元のトップクラブの支援、スポーツコミッションの創設、中学校部活動の改善プロジェクト、地元の女子バレーボールチームの本拠地となる体育館創設プロジェクトなど、さまざまな活動が計画され、実行に移されている。

　本節冒頭でも紹介したとおり、第7章「スポーツまちづくりのFAQ」は、スポーツまちづくりの進め方をQ&A形式でまとめている。そして、第8章「スポーツまちづくりの進め方」は、第6章までに扱った事例の比較分析を通じて、スポーツまちづくりCUBEを用いてスポーツまちづくりを前進させるための方法論を実証的に検討する。本書を通じて、地域ごとの特徴に合わせて、どのようなプロセスをたどってスポーツまちづくりを進めていくべきかについての示唆を与えられればと思う。

注
（1）本書での「まち」とは、市町村の行政区域、あるいは一定の人口や広域の経済活動が集中する都市圏や中心市街地といった比較的広域の圏域を想定していて、日常生活圏サイズの圏域は想定していない。
（2）スポーツまちづくりCUBEは、本書執筆者6人による議論のなかで浮上し、練られたアイデアであり、第2章以降の各事例分析に用いながらブラッシュアップを図ったものである。

［付記］本書全体の枠組みと方向性を示す本章は、本書執筆者の議論を松橋が代表してまとめたものである。

第2章
地元企業・団体のエネルギーを生かす！

松橋崇史／笹生心太

1 老舗企業が主導する スポーツまちづくり
新潟県三条市の事例
松橋崇史

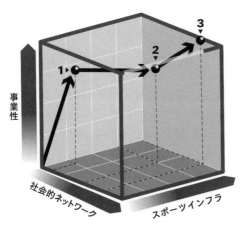

1 ▶ 県下最大の天然芝野球場を舞台に、指定管理を務める老舗企業・丸富が、スポーツまちづくりに関するさまざまな取り組みを展開。

2 ▶ 丸富は独自事業としてプロ野球ファーム戦を誘致。地元に協賛や運営の協力を依頼するなかで、協力的なネットワークを構築。

3 ▶ 次第に、丸富が指定管理で関わる公共施設数や関連する業務委託事業が増加。事業性を確保するなかで、球場での取り組みが加速。

ハイライト

- 新潟県三条市にある三条市民球場（現・三条パール金属スタジアム）は、1万4,800人を収容する新潟県で最大の天然芝野球場。指定管理者を務める老舗企業・丸富が、スタジアムを舞台に、スポーツまちづくりに関するさまざまな取り組みをおこなう。
- 丸富は、三条市民球場をまちづくりのインフラとして機能させるために、プロ野球ファーム戦の誘致を実現。2015年からは、関東の強豪大学野球部の育成リーグを開始。
- 各イベントでは、地元に協力を求め、企業協賛や運営ボランティアを集め、スポーツまちづくりに理解がある人々のネットワークを構築している。丸富自身も、社員総出でイベントを支える。
- 2010年代に入ると、丸富が指定管理者として関わる公共スポーツ施設の数が増加し、スポーツ施設管理関連の業務委託も増加。事業性を確保するなかで、球場を舞台にした取り組みが続いている。

新潟県三条市には、スタジアム主体でスポーツまちづくりに挑戦している三条市民球場がある。管理者は地元の老舗企業の丸富で、農機具販売を専門として戦前に創業した企業である。1990年代後半から始まる緑化事

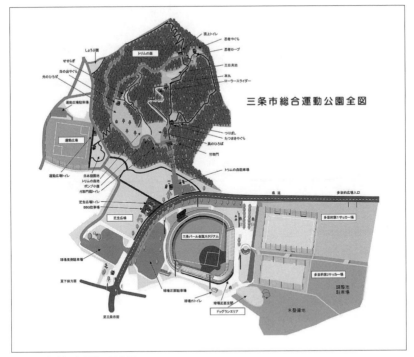

図1　三条市総合運動公園全図

業の際に公共スポーツ施設の芝生管理を依頼され、次第に質の高い管理が評価されるようになる。公共スポーツ施設に指定管理者制度が導入されると、三条市のさまざまな公共スポーツ施設の指定管理者になっていく。指定管理施設のなかで、丸富が初めて指定管理を担うことになったのが三条市民球場を含む三条市総合運動公園（図1）である。老舗企業が指定管理施設であるスタジアムでどのようにスポーツまちづくりを主導し、一定の成果を挙げるに至ったのか以下でみていこう。なお、本節は、筆者が『スポーツのちから』[1]に所収した文章に加筆・修正を施したものである。

1 「鍛冶の町」三条と水害

　新潟県三条市は新潟県の中央部に位置し、隣接する燕市と一体となって地場産業を形成している。三条市はかねてから鍛冶の町、金物の町と呼ば

写真1　三条市民球場（筆者撮影）

れ、多くの大手メーカーの創業地としても知られている。それらには、暖房器具製造メーカーのコロナやダイニチ工業、ホームセンターのコメリやアークランドサカモト、生活用品製造メーカーのパール金属（アウトドア用品はCAPTAINSTAG）、キャンプ用品製造販売のスノーピークなどがあって、今日でも本社を三条市内や近隣地域に置いている。

　三条市民球場は、収容人数1万4,800人の県内最大級の野球場である。2009年の新潟国体に合わせて新潟市内に建設された新潟県立野球場（現・HARD OFF ECOスタジアム、収容人数3万人）ができるまでは、高校野球のメイン会場や野球独立リーグの会場として使用されていた。

　2004年7月13日、金物の町発展の礎を築き、明治時代まで物流の面からその発展を支えた河川が三条の町を襲う。激甚災害にも指定された04年7月新潟・福島豪雨である。7月12日夜から降り続いた豪雨によって、信濃川水系の五十嵐川や中之島川などの堤防が翌13日に入って相次いで決壊した。特に三条市内を流れる五十嵐川の堤防の決壊は、川の南の地域（三条では嵐南地域と呼ぶ）に甚大な被害を与え、市内だけでも死者9人、被災住

家1万352棟という被害をもたらした。丸富への被害は軽微だったが、被害地域に居住する社員の多くが被災し、地域経済に深刻な影響を与えた。丸富社長の柴山昌彦も、自宅の1階部分が水に沈み、半身を水に浸して家族を助けるために自宅に向かった経験をしたという。

　災害の2年後の2006年、丸富は三条市民球場の指定管理者に応募する。三条市に提出した三条市総合運動公園事業計画書では、「B-town（Baseball-town）三条計画」を打ち出した。貸し施設として運営され、球場主体の事業展開が乏しかった指定管理者制度導入以前の状況に対して、ファーム戦をはじめとして、野球関連のさまざまなイベントを展開することを計画に盛り込んでいた。「少子高齢化が進み、地方経済が疲弊していくなかで、あのような自然災害が発生した。スポーツ施設の管理に関わる者として、スポーツを通じた地域づくりに貢献したいという思いは当然あったし、（三条市民球場の）指定管理者になることでさまざまな取り組みをおこないたいという思いがあった」。柴山は、災害からの復旧と指定管理者への応募を結び付けてそう語る。

2｜阪神ファーム戦の誘致

　三条市民球場では、2001年から07年までの間、読売巨人軍主催のファーム戦が開催されていた。運営には、地元の「読売新聞」販売店も参加していた。丸富のB-town三条計画の柱のひとつには、この継続開催されている巨人のファーム戦をさらに活発にしていくことがあった。

　しかし、丸富が指定管理者に就いた直後に巨人がファーム戦の開催をとりやめる。中止は球団の意向（「読売新聞」の販売戦略の変化）であり、その判断が覆ることは期待できない状況だった。試行錯誤を経て、柴山は、阪神ファーム戦招致に挑戦していくことになる。

　1995年から甲子園を訪れて芝生や土管理を勉強してきた柴山は、この視察をきっかけに阪神球団とも関係をもつようになった。2007年と08年には、阪神タイガースのOBによる少年野球教室を開催した。

　こうして阪神球団と丸富との間に交流が生まれ、2009年に阪神球団のファーム戦招致に成功する。阪神球団が、自らの活動エリアから遠く離れた三条市でファーム戦を実施することに理解を示したのには、「三条の子

どもたちの心の復興を応援する」ことに共鳴したという理由があった。自然災害（2004年の水害）で傷を負い、その復興を掲げて実施するファーム戦に、同じく自然災害（1995年の阪神淡路大震災）を受けた地域の球団として、そのビジョンに共鳴したためである。

　こうして2009年から阪神ファーム戦が開催されることになったが、三条市からは補助金も人的支援もない指定管理者の自主事業だった。阪神ファーム戦開催には、1,000万円近い予算が必要だった。それまでおこなわれてきた巨人戦でさえ、県民にファンが多いとはいえ、入場料収入は必要経費1,000万円の半分程度の状況であり、阪神ではより減ることがあらかじめ想定できた。

　地域外部のスポーツインフラを呼ぶところまでは成功したが、その事業性をどう確保しているのか。大きな課題を抱えることになった。そこで、柴山は、仕事上は関係をもったことがない企業に対してアプローチしていくことにした。

　協賛企業の募集は、2008年に「欽ちゃん球団」として知られていた茨

写真2　阪神ファーム戦の様子（筆者撮影）

表1　ファーム戦の協賛金額と協賛企業数の推移

開催年	開催試合	開催場所	協賛企業数（社）	協賛金額（千円）
2008	クラブチーム戦	三条市	43	1,009
2009	ファーム戦	三条市	50	2,240
2010	ファーム戦	三条市	54	5,703
2011	ファーム戦	三条市	97	5,726
2012	ファーム戦	三条市	82	5,326
2012	ファーム戦	三条市／長岡市	56	4,949
2013	ファーム戦	三条市	101	6,148
2014	ファーム戦	三条市	107	5,094
2015	ファーム戦	三条市	91	4,817
2016	ファーム戦	三条市	91	5,602
2017	ファーム戦	三条市	82	5,430
2018	ファーム戦	三条市	95	5,155

城ゴールデンゴールズを招待したときに始まり、丸富が関係する企業を中心に43社から約100万の協賛金を集めていた。09年から始まる阪神の2軍戦開催のための協賛金集めも08年に応じてくれた企業を中心に依頼をした。表1は、丸富が三条市民球場で主催した茨城ゴールデンゴールズ戦とファーム戦の協賛企業数と協賛金額の推移を示している。開始初年の09年の協賛金は224万円にとどまったが、10年以降は500万円を超えるようになった。

●**地元企業はなぜファーム戦を支えるのか**

筆者は、ファーム戦への協賛を決めた理由をさぐるため、ファーム戦の主たるスポンサーにヒアリング調査を実施した。そのなかには三条市で創業し本社を構えるパール金属やコメリ、アーネスト（アイデア雑貨の企画販売）、シマト工業（金型から組み立てまで商品の一貫生産をおこなう大手下請け企業）などを含んでいる。また、対象者は、各社で協賛の意思決定をしている人、ないしは、それを補佐する人とした。これらの地元で名が通った企業には、ほかにも多くの協賛依頼がやってくる。そのなかからとりわけファーム戦へ協賛することにした決め手を聞いた。

パール金属
「地元三条に、あれだけの球場がある。プロ野球のファームでも三条の町やみんなが元気になってほしいと柴山さんは考えたわけですよ。私は非常にそれに感動した。よしわかった、あなたがそうやってやるっていうんだったら協力するということで、協力している。企業は、商売でもって、利益をあげる。けれども、やっぱり地元の人たちにその利益を還元するのも、企業としての仕事なんですよ」

コメリ
「ちょうど水害のあとに柴山さんが指定管理をとられた。柴山さんのご自宅もかなり浸水した地域にある。ご自身も被災された。そんな思いもあるなかでの指定管理をとられた。アマチュアではないプロのスポーツを見せてあげたいということでいろいろ企業に協力を依頼して、そのときのご縁が最初です。それならお手伝いしようということで始まったんですよ」

　パール金属の高波久雄社長、コメリの捧賢一会長も三条市出身で、どちらも三条を創業の地としている会社である。ヒアリング調査対象となったコメリの早川社長室長は、会長にとって三条は創業の地として特別な思いがあるというように、「三条のためになることだから」という理由で協賛しているという。

シマト工業
「田舎で一流のものを見たりすることはなかなかできないから、取り組みはすごくいいこと。そういうものを地方へ引っ張ってくることはすばらしいこと。三条でそんなことを言ってくれる人はこれまでいなかった。だから応援した」

アーネスト
「あのような熱意がないと、協賛する人もなかなか乗ってくれないんじゃないかな。地元の人もこの三条で、プロ野球の試合を見れる。そういう意味では非常に貢献も大きいんじゃないですかね」

シマト工業は製品の組み立てを主とする大手企業だが、自社ブランドでの商品の販売はない。市民が直接的な顧客というわけではなく、それはほかの3社も同様である。それにもかかわらず、各社が三条で開催されるファーム戦に協賛したのは、自らの出身地であり活動の基盤である三条に、「本物」(プロ野球)を誘致して街を活気づけたいという心意気に応える思いからであり、協賛による宣伝効果などの見返りを求めたものではない。

柴山も当初は、なんでこんなにもうからないことをやるのかと指摘されても、「地域貢献でやっている。だから力を貸してください」としか表現しようがない状況だったと話す。スポンサーにとっても、マスコミにも載るかどうかわからないようなファーム戦にお金を出す理由は、地域貢献という位置づけのほかなかっただろう。しかし、当初は半信半疑だったスポンサーや関係者たちが、会場に足を運び、ボランティアや三条野球連盟関係者、丸富の社員など総勢100人ほどのスタッフがみんなで頑張って運営している姿を実際に見ることで、「地域貢献のため」という言葉の意味を納得し、評価するようになったという。

協賛企業各社の協賛のきっかけは丸富からのアプローチだったが、同時に、協賛企業やイベントを支える団体の動向を認識しながら、みんなで支援しようという流れが生まれている。

3 ネットワークの広がりと大学野球次世代育成リーグの開催

2009年から始まった三条市民球場のファーム戦の取り組みは、新潟県内でも関心を集めた。三条市の北に隣接する加茂市に立地する新潟経営大学に在籍していた野呂一郎がその実践に着目して調査をおこない、野呂と柴山は連名で新潟経営大学地域活性化研究所の「地域活性化ジャーナル」に論文を発表している。

柴山は、三条市民球場での取り組みを地域活性やまちづくりの観点から分析したいと考えて、大学の研究者との連携を模索するなかで、筆者らと出会った。ファーム戦の自主開催は全国的にみても例がなく、まちづくりの視点をもちながら事業を展開していることも相まって研究対象として興味深かった。関心がある学生や大学院生らと調査していくことになって、2012年4月以降、定期的に現地を訪れては、ファーム戦の開催とその波及

効果を調べ、それを支える地元自治会、企業、野球団体にヒアリングをおこなっていった。前節までは、その調査結果の一部である。

本書の主題であるスポーツまちづくりの観点からすれば、大学との共同調査は、スポーツまちづくりのネットワークの拡張であった。広がったネットワークを用いながら「ひとづくり」を掲げる三条市民球場の趣旨に沿った新しい企画として、次世代育成大学野球サマーリーグ(以下、「大学野球サマーリーグ」と略記)の開催を模索し、都市部の強豪大学野球部同士の試合の誘致を検討することになる。その目的は、地元の子どもたちや高校生に、大学(大学野球)を身近に感じてもらう機会を作りながら、同時に、大学野球の育成(ひとづくり)にも貢献することである。

●大学野球の課題

大学野球は、プロ野球のように興行を目的として全国各地を転戦するようなことはしない。プロ野球は一軍が所属するパシフィックリーグ(パ・リーグ)、セントラルリーグ(セ・リーグ)、二軍が所属するイースタンリーグ、ウェスタンリーグがあり、リーグ戦の一部は、ホーム&アウェー方式でホームスタジアムだけでなく全国各地でおこなわれる。阪神のファーム戦は、そうして計画される試合の一部を三条市で開催するべく誘致することによって実現していた。大学野球の場合は各地域でリーグを組んで、春と秋にリーグ戦をおこなっている。新潟県下では、2013―14年頃は、新潟医療福祉大学野球部が関甲信学生野球連盟の二部リーグで好成績を収め始めた時期だったが、地元でトップレベルの大学野球がおこなわれる機会はほとんどなかった。

一方、大学野球の近年の課題に、部員数の増加による実践経験の不足が挙げられる。強豪大学ともなれば100人以上の部員を抱え、部員数に制約を設けないところでは150人やそれ以上の部員を抱える大学も少なくない。そのうち一軍に関わる約30人から40人は、1年の半分以上が試合シーズンである。各大学のグラウンドは、一軍に関わる選手の練習とオープン戦(練習試合)を中心に運用されることになる。それ以外の選手も練習に取り組むが、実戦経験は絶対的に不足する。大学サッカー界のように二軍以下のチームが一軍戦とは別にリーグを組んで試合をおこなう「インディペンデンスリーグ」のような試みがひとつの「解」として模索されるべきだが、大学野球界は複数のリーグが並立して、それぞれバラバラにリーグ

表2 「大学野球サマーリーグ」の参加校数などの推移

開催年	参加大学数	新潟外からの参加学生数	試合数	地元高校との試合数	企画運営に関わる学生数	地域交流プログラム（野球教室など）
2015	3	60	4	0	2	1
2016	5	120	8	1	2	1
2017	6	180	21	6	5	1
2018	6	220	20	4	12	3

戦の日程を組み、雨天などでずれることもあって、2013年時点では実現できていなかった。

このような背景があるなかで、三条では、実戦経験が不足している1、2年生を主体としたチームを対象に、リーグ戦開催時期ではなく、オープン戦（練習試合）もあまりおこなわれていない8月上旬に、次世代育成リーグを企画した。

1、2年生の実戦経験の不足に対する問題意識は、一定の共感を得た。「大学野球サマーリーグ」は2015年8月に、明治大学野球部と慶應義塾大学野球部、上武大学野球部、新潟医療福祉大学野球部が参加して、第1回がおこなわれた（悪天候のため上武大学野球部は不参加）。選手育成のための「練習試合」の集まりではなく、参加者と開催地双方のひとづくりに貢献することを意識して、野球教室以外にも、以下で説明するような、さまざまな取り組みをおこなってきた。第2回以降は、地元チームとの試合に「高校生」対「大学生」の枠を設け、長岡大手高校と慶應義塾大学が試合をおこなった。17年は、参加全6校が地元高校との試合をおこなった。

各回の実績が地元三条や大学野球界で評価され、「大学野球サマーリーグ」の規模は年々拡大している（表2）。大学界の菅平を目指してはどうか、という声も参加大学の指導者からあったほどだ。

● 「大学野球サマーリーグ」をスポーツインフラにするための取り組み

「大学野球サマーリーグ」が、ただの選手育成のための「試合」の集まりにならないようにするために、地域貢献やまちづくりとしての要素をどのように付加していくのか、つまり、スポーツインフラとしてどのように機能させるべきなのかは、当初から課題になった。

こうした課題に応えるべく、1年目から企画に関わる学生（主にマネージャー）らが、SNS（ソーシャルネットワーキングサービス）を通じた情報発信や地元のOB会組織の会合への参加、メディア訪問をおこないながら、「大学野球サマーリーグ」が地域に貢献するための方法を模索してきた。2年目からは三条市下田地域のいくつかの地区に協力を求めて、地区の公民館を宿泊場所にするという試みをおこなった（詳細な経緯は第5章「外発的開発のエネルギーを生かす！」第2節を参照）。一部の地区では、選手と地元住民とが交流した。3年目からは、企画スタッフに選手（学生）が加わり、4年目の2018年度は、総勢12人の選手と2人の学生・大学院生が企画スタッフとして「大学野球サマーリーグ」の企画運営に携わっている。三条市下田地区の小学校・中学校に学生が訪問する企画、下田地区で栽培された芋から作る芋焼酎・五輪峠を個人協賛の謝礼品にする企画、地元高校のブラスバンド部に応援してもらう企画などが動いた。三条市下田地区で活動するデザイナーやコピーライターなどがサマーリーグを支援する状況も生まれつつある。

　参加野球部の選手が、これだけ多岐にわたる活動に関わることができている理由には、学生の発想を「まずはやってみる」という姿勢で応援している柴山の存在がある。学生が東京と三条間を移動するだけでも相応の費用がかかるが、その費用負担も含めて支援をおこなってきた。柴山は「サマーリーグはひとづくりを掲げて開催してきた。地元新潟のひとづくりにつながる企画が重要であると同時に、参加する学生の育成も重要。企画チームは、野球だけでなく、イベント運営や大学野球の社会貢献に学生が関わることで、彼らの成長機会につながる。だから、彼らがやりたいと考えたことは支援しようと思った」と語る。実際、企画チームに関わった学生はその関与のなかでそれぞれがさまざまな学びをして、進路先にも影響を与えている。

4 │ 広がる活動とその支援者

　ファーム戦や「大学野球サマーリーグ」の開催は指定管理者の丸富が主導して進め、それを多くの関係者が支えている。三条市民協働の活動を支えている代表的な存在は三条市野球連盟だ。三条市民球場の建設時に

も組織力を生かして多くの署名を集め、球場建設を後押しした。丸富のB-town構想を支援し、市民の球場利用を促進するために、野球にかぎらずそのほかの種目でも積極的に協力している。

　ファーム戦では会場整備やボールボーイなど60人前後の人員を派遣している。三条市野球連盟には約70のチームが加盟していて、加盟料を払ってリーグ戦などに参加している。連盟は加盟チームが参加する大会の開催だけでなく、ファーム戦などの大会の運営サポートや、高校生以下の試合への審判員の派遣をおこなう。こうした活動は加盟チームの協力がなければ成り立たないため、連盟はこうしたイベントの際には各登録チームから必ず1人、連盟の活動に参加するように依頼している。半ば強制的に人

表3　三条市民球場でおこなわれている自主事業一覧と地元の協力団体

地域貢献活動	開催時期	参加者数（人）	実施体制（人）	
スタジアム感謝際	2月	約1,300	約30	市内園児の絵画972枚を展示、子ども縁日、下田地域支援のチャリティーオークションを実施
クリスマスメッセージ	12月	45	10	園児、大人が書いた61件のメッセージをスコアボードに掲示
NPBプロ野球ファーム公式戦	8月	2,804	約100	阪神・ソフトバンク戦、試合終了後に野球教室開催
次世代育成大学野球サマーリーグ	8月	654	40	大学野球の若手選手を育成する教育リーグを開催
ノルディックウォーク講習会	4月 - 11月	67	2	市民向けのノルディックウォーク講習会
UXテレビチームエコ活動	5月	130	15	地元のテレビ局が主催するエコ活動。トリムの森を清掃し、遊歩道にウッドチップを敷いた
スコアブック講習会	4月、11月	35	2	市民向けのスコアブック講習会
はじめてのラグビー教室	通年	655	5	小学生を対象にしたラグビー教室（12月～3月、大崎翔体育館使用）
かけっこ塾	4月 - 10月	105	3	小学生を対象にした走り方教室
エンジョイサッカースクール	3月 - 11月	267	4	10歳以下の子どもたちを対象にした初歩のサッカー教室
野球アカデミー	7月 - 3月	367	5	高校野球を目指す中学3年生を対象にしたエリート野球アカデミー

員を提供してもらうスタイルだが、地域の野球発展のためにともに汗を流すなかで関係を築き、ファーム戦への協力につながっている。まさに、ソーシャルキャピタル⁽⁴⁾を醸成しているのである。

　野球連盟以外にも、三条市が立地する新潟県には、プロスポーツチームが多く存在し、野球イベントの際の運営のノウハウをもったボランティアチームが存在する。丸富は三条市民球場で開催される試合に訪れるボランティアチームと関係を作り、普段から連絡を取り合っている。三条市周辺の企業の協賛や三条市野球連盟の協力、新潟県の他地域からボランティアに駆け付ける人たちの支援があって、2017年には、表3に示すように11の自主事業を展開して多くの市民を集めた。

5 スポーツまちづくりの事業性を担保する自治体の理解

　三条市民球場を舞台としたさまざまな活動は、地元三条市の市民や企業、関係団体に支えられ発展してきた。それまで経験することができなかったようなプロ野球の観戦や大学野球選手との交流に始まり、さまざまなアクティビティが野球場で展開されるようになった。これまで野球関係者に限られていた野球場に多くの市民が訪れるようになり、野球場が身近な存在になった。三条市民球場を舞台としたスポーツまちづくりの取り組みは、継続・発展しているが、その一方で、プロ野球のファーム戦単体では赤字の年もあり、丸富がほかの予算から赤字を補填している場合もある。「大学野球サマーリーグ」も似たような状況が続き、2018年にようやく収支を合わせることが可能になった。ファーム戦や「大学野球サマーリーグ」に限らず、三条市民球場でおこなう独自事業には赤字のものもある。それらの事業の継続性を担保しているのは、三条市民球場での取り組みが、丸富の社会貢献活動と位置づけられ、その実績によって多くの公共スポーツ施設の指定管理者になったり、委託事業の受託につながっていたりする傾向があるからだ。実際、2013年以降は、公共スポーツ施設やスポーツ施設に関する委託事業の事業規模が、既存事業を補うところまで成長している。つまり、三条市民球場を舞台としたスポーツまちづくりのエンジンは、一方で丸富であり、もう一方で「自治体（首長、議会、所管課）」なのである。

6 老舗企業が主導する スポーツまちづくり

　スポーツまちづくり事例としての本節の事例の特徴は、指定管理者制度という公的制度とその制度運用に活路を見いだした丸富というスポーツまちづくりへの寄与を掲げた地元の老舗企業によって推進されている点にある。スポーツインフラは、三条市民球場などのスポーツ施設とそこでおこなわれるさまざまなスポーツイベントである。立派なスタジアムも、単純に野球の試合だけではスポーツまちづくりのインフラにはなりえない。丸富はそこをインフラにするためにB-town構想を掲げ、さまざまなスタジアム活性化策を講じてきた。

　活性化策の過程で地元での応援団が増えていき、ネットワークが広がっていった。三条の活性化のために、スポーツを通じて何かおこないたいと思う人たちを引き付けていった。そんな人々それぞれに活躍の出番を作り、地域貢献のための舞台を整えることでネットワークが広がり、スポーツまちづくりとしての事業性が支えられている。

　三条市民球場での取り組みは高い評価を受けて、反響を呼び、指定管理者として関わる施設が増え、委託事業が増加した。丸富のなかでスポーツ関連事業が増加していって、その分野に関心がある元気な若手社員が集まるようになってきた。それが丸富にもいい影響を与え、継続的な活動につながる状況をつくっている。スポーツ施設の指定管理者になることを通じてスポーツまちづくりに注力し、元気になった地元企業とその活動を評価し、委託を続ける三条市をはじめとした自治体（首長、議会、所管課）の方針が、活動の継続性を担保している。

より深く学びたい人へ

▶中村祐司『スポーツの行政学』成文堂、2006年
　指定管理者制度は、「官から民へ」の流れのなかで成立した制度だが、イギリスやオーストラリアではいち早く同様の制度が導入され、運用されてきた。現場のフィールドワークは2000年前後に実施しているが、そこで得られた知見は、今日のわが国にとっても示唆を生むものであり、指定管理者制度の運用を考えるうえでもヒントになる。

▶松橋崇史／斎藤和真／岩月基洋／玉村雅敏「公共スポーツ施設経営における地域コミ

ュニティとの協働戦略――A社のケーススタディを通じた制度的条件と成果の検討」、日本スポーツ産業学会編「スポーツ産業学研究」第25巻第2号、日本スポーツ産業学会、201―215ページ、2015年

　指定管理者制度は各自治体がその制度運用に一定の裁量権をもつ。その制度運用の違いが指定管理者の運営の自由度（裁量）に影響を及ぼすため、そのことについて分析した論考。指定管理者として民間事業者の自由な取り組みを引き出すためには、自治体の制度設計こそが鍵を握る。

▶松橋崇史／金子郁容／村林裕『スポーツのちから――地域をかえるソーシャルイノベーションの実践』慶應義塾大学出版会、2016年

　第3章は基礎になった内容を含み、三条市民球場の指定管理者がどのような社会的背景からスタジアム経営を刷新するような取り組みに及んだのか、より詳細に記載している。

注
（1）松橋崇史／金子郁容／村林裕『スポーツのちから――地域をかえるソーシャルイノベーションの実践』慶應義塾大学出版会、2016年
（2）柴山昌彦／野呂一郎「現場からの研究員レポート　NPB新時代！　阪神タイガース野球新興国への挑戦――プロスポーツマーケティングのあたらしい衝撃」、新潟経営大学地域活性化研究所編「地域活性化ジャーナル」第16号、新潟経営大学地域活性化研究所、2010年
（3）長野県上田市菅平地区はラグビーの合宿地として知られ、夏になると多くのラグビーチームが菅平で合宿して、その間、練習試合を多く組んでいる。
（4）ソーシャルキャピタルとは、市民間の相互援助や協調関係を支えるもの。日本の地域社会を支えている「お互いさま」や「お世話になったから」「みんなのために頑張ってもらっているから」というような気持ちからくる自発性を支えているものである。

2 地元密着型 ボウリング場の挑戦
宮城県気仙沼市の事例
笹生心太

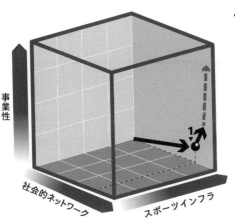

1 ▶ 当初は採算度外視で社会的ネットワーク構築に取り組んだ。ネットワークが広がると、次第にそれが事業性向上に結び付いてきた。

ハイライト

- 宮城県気仙沼市にある気仙沼さくらボウルは、震災後に整備された新興地区に立つボウリング場である。新興地区には既存の地域ネットワークが乏しく、まちづくりをおこなうための第一歩として、社会的ネットワークを作ることが求められる。そこで同ボウリング場は、地域の人たちを集め、ボウリング場を通じて既存の地域ネットワークを強化したり、新たなネットワークを作る事業を始めた。
- 以上のようなネットワークは、ボウリング場に定期的に足を運ぶ顧客を作るという意味をもった。その結果、設備の回転率が安定することで事業性も高まっていった。
- こうした事業性向上を背景として、「地域のハブ」となって、ボウリング以外の事業からもネットワーク作りをおこなおうとしている。
- こうして、社会的ネットワークの広がりと事業性の向上が連動するようなまちづくりの好循環が生まれようとしている。

地域コミュニティが崩壊した場所で、スポーツを通じて一から地域ネットワークを作る。しかも、営利事業として一定の利益を確保しながら。このような困難な事業に挑戦しているボウリング場が宮城県気仙沼市にあ

る。

　気仙沼さくらボウルは、まちづくりを会社としてのミッションに掲げたユニークなボウリング場である。当然のことながら、一般的に民間企業は、自社の事業性を高めることを最優先する。ところが同ボウリング場は、震災後の社会的ネットワークが失われた気仙沼を盛り上げるために、社会的ネットワークの構築を事業として優先してきた。そしてそのことが、のちに事業性の向上にもつながっていく。

1 気仙沼さくらボウルの歴史

　気仙沼は、親潮と黒潮がぶつかる良好な漁場に近く、古くから漁業のまちとして栄えた。漁港は、特にカツオやサンマ、サメ類などの漁獲量が多いことで全国的に知られている。だが、その気仙沼は2011年3月の東日本大震災で被災し、漁港を中心に甚大な被害を受けた。漁港は地盤沈下し、津波が内陸部にまで押し寄せたほか、石油タンクから漏れた油に火がつき、まちが焼け焦げた。

　そうして被災した建物のひとつに、「さくらボウル」というボウリング場があった。同ボウリング場は、1968年に開業した「第一ボウリング」を前身とし、2003年に改称・リニューアルした比較的新しいボウリング場だった。親会社は、燃料販売やパチンコ事業なども運営する丸和という

表1　気仙沼さくらボウルの歴史

1912年	漁船漁業会社として丸和創業
1960年代	漁船漁業から撤退し、燃料事業開始
1968年	「第一ボウリング」開業
1974年	パチンコ事業開始
2003年	「さくらボウル」に改称、リニューアル
2011年	東日本大震災
2015年	「気仙沼さくらボウル」に改称、移転
2016年	第1回さくらマルシェ開催
2018年	スポーツ少年団結成

（出典：丸和ウェブサイト〔(http://www.e-maruwa.co.jp/)〕〔2018年7月27日アクセス〕から抜粋）

会社である。震災時、丸和の尾形長治専務取締役は、ボウリング場近くの丸和本社ビルにいた。津波を確認後、急いで屋上に上がったため自身が水にのまれることはなかったが、津波に流された気仙沼のまちを眺めながら、24時間以上、飲まず食わずで救助を待ったという。

　津波にのまれるボウリング場を見た尾形は、その後、再建を心に誓う。再建の決意を後押ししたのは、気仙沼への強い思いだった。丸和は、過去に幾度も経営の危機を迎えたが、そのたびにまちの人たちに支えられ、持ちこたえてきた歴史がある。また、震災後も、かつての客からぜひボウリング場を再建してほしいという要望がいくつも挙がった。さらに、尾形自身も、震災後の気仙沼では「楽しむ」ということが完全に置き去りにされていると強く感じていた。そうした過去の経緯や人々の願いなどを踏まえ、彼は、娯楽が少ない気仙沼にエンターテインメントで恩返しをするという思いのもと、ボウリング場再建に踏み切った。

● 東日本大震災からの復興

　そして震災から4年がたった2015年、より内陸部のJR気仙沼駅近くに場

写真1　気仙沼さくらボウルの外観（筆者撮影）

所を移し、「気仙沼さくらボウル」と地域名を冠した名称でリニューアルオープンした。同ボウリング場は、ボウリング設備が全14レーンしかなく、またコンピューターゲーム機やバーカウンターなどを設置しない、比較的小規模な施設である。ゲームセンターなどとの複合型ではない単独型でのボウリング場新設は、近年では非常に珍しい。

　気仙沼さくらボウルの最大の特徴は、民間企業であるにもかかわらず、まちづくりという公共性が高い事業を積極的におこなおうとしていることである。同ボウリング場が再建された地区は、従来は田んぼが広がっていた場所を埋め立てた新興地区である。そこには仮設住宅や仮設商店街が立ち並び、津波の被害を受けた住民や店舗がここに移転してきた。このような背景から、同地区には旧来の地域ネットワークがほとんどない。さらに同ボウリング場としても、かつてのさくらボウルの顧客が離散してしまったため、一から顧客ネットワークを作る必要があった。一般的に、人と人のつながりが薄い地域では高齢者の孤立を見抜きにくいことなどが大きな問題となる。それは気仙沼も例外ではないため、尾形はまず人と人を結び

写真2　気仙沼さくらボウル近くの仮設商店街（筆者撮影）

付けることからまちづくりを始めようとした。つまり、スポーツまちづくりCUBEの「社会的ネットワーク」を形成することから、まちづくりを始めようとしたのである。

● 「よそ者」の確保

　尾形は、収益とまちづくりを両立させるという困難な事業をおこなうためには、事業を客観視できる人材が必要と考えた。それは、尾形自身がまちづくりに対して入れ込みすぎてしまい、客観的になれないからである。そこで外部からの人材登用を目指し、目をつけたのが、ボウリング設備メーカーから紹介された現支配人の小川仁弘だった。正式なリクルーティングをしたわけではなく、偶然紹介を受けたにすぎなかったが、結果的に理想的な人材を確保することができた。

　小川は、埼玉県、東京都、静岡県、愛知県、沖縄県などのボウリング場を渡り歩き、さまざまな事業に取り組んできた「さすらいのボウリング場仕掛け人」である。震災当時、東京のボウリング場に勤務していた小川は、震災がなければ気仙沼に来なかったという。気仙沼に移ってきた理由は、人と人のつながりが壊れてしまった地域で、ボウリングを通して新たにネットワークを作る仕事がしたいと考えたからだ。それまでも、埼玉や東京のボウリング場で人と人をつなげる仕事をおこないたいと願っていたが、思うようにはならなかった。その理由は、人と人をつなげる事業にはコストがかかり、それによる明確なメリットを認めてもらえなかったためである。その結果、小川はそれまでのボウリング場では「変人」扱いされていたという。

　一般的に、地域振興を実行するためには「よそ者、若者、ばか者」が必要と言われる。小川は、ボウリング業界のことを知り尽くしていて、かつ気仙沼の「よそ者」であることから従来の地元にはない発想を持ち込めるという、気仙沼さくらボウルにとってうってつけの人材だった。さらに、安定したボウリング場ではあまり意味がない、ボウリングを通じた新たなネットワークの形成を生きがいとする点では「ばか者」でもあり、小川の志向性は気仙沼さくらボウルのまちづくり事業にとっても非常に重要だった。

　さらに尾形は、小川に加え、ボウリング業界にとっての「よそ者」も必要と考えた。そこで目をつけたのが、尾形が所属していた競技志向フット

サルチームの仲間の伊藤正喜だった。伊藤はもともと宮城県仙台市内で福祉関係の仕事をおこなっていたが、震災を機に仕事を失った。喪失感のなかでひたむきにフットサルに取り組んでいるとき、尾形に声をかけられて丸和に入社する。当初は別事業に携わっていたが、2015年に気仙沼さくらボウルがリニューアルオープンされると同時に、そこに配置転換された。伊藤は、それまでボウリング場勤務の経験がなかったが、ボウリング業界にとっての「よそ者」であることが、尾形や小川にはない柔軟な発想を生み出すことになる。

2 固定客の確保と事業性の向上

　一般的に、ボウリング場の顧客は2種類に分けられる。それは、たまたまその日その時間に来場するオープンボウラーと呼ばれる客と、後述するリーグなどで定期的に来場する固定客である。ボウリング場経営では、安定的な収益を見込みにくい前者よりも後者が重視される。利用料金を多少割り引いてでも固定客に安定的に来場してもらうことが、ボウリング場の経営上、不可欠になる。そこで小川が気仙沼さくらボウル赴任後に真っ先に取り組んだのが、固定客の確保だった。

●既存の地域ネットワークを取り込む
　小川は、かつて勤務したボウリング場の経験から、固定客の確保のためには既存の地域ネットワークをそのままボウリング場に取り込むことが有効だと認識していた。例えば工場近くのボウリング場に勤務していた際には、その工場の従業員に団体割引を適用する方策などで、固定客を増やしていた。こうした発想を気仙沼でも応用しようとした。だが、気仙沼さくらボウルは新興地区に立地していて、また気仙沼全体としても地域コミュニティが崩壊してしまったため、団体の取り込みは難航した。それでも、徐々に近隣の子ども会やシニアクラブといったまとまりでの集客に成功しつつある。
　長期的視点からみて、小学生世代にボウリングに親しんでもらうことは経営上非常に重要である。そこで、近隣の子ども会にはたらきかけ、親も同伴で定期的にボウリングをプレーしてもらっている。それによって、定

期的な団体利用が見込めるうえ、親同士の交流をも促進することができる。結果的に、2017年には延べ78団体が気仙沼さくらボウルを利用した。

　また、気仙沼さくらボウルには、シニアクラブも存在する。従来、気仙沼には年金受給者のグラウンドゴルフクラブというものがあり、震災前のさくらボウルがそこにはたらきかけて、クラブ会員は割引料金でボウリングをプレーできるようになっていた。それをきっかけとして定期的にボウリングを楽しむようになった高齢者たちを巻き込み、リニューアル後にクラブが作られたのである。こうしたクラブづくりについて、小川には「地区自体がばらばらになってしまったので、ここに来れば誰かに会えるという場にしたい」という意図もあった。

　以上のように、気仙沼さくらボウルは既存の地域ネットワークをそのままボウリング場に持ち込むことで安定的な収益を確保しようとしていて、2017年には、子ども会、自治会、PTA、組合といった団体を年間で延べ320も引き込むことができた。なお、ボウリング場事業の特性のひとつは、昼間の時間帯の設備回転率がどうしても下がってしまうことである。小学生や高齢者といった同年代のまとまりは、こうした昼間の時間帯に施設を利用してくれる点でも、経営的に価値がある。

　既存のネットワークを取り込んで集団でボウリングをプレーさせるという施策は、単純に収益を高めるだけでなく、地域コミュニティの活性化にも寄与している。アメリカの政治学者であるロバート・パットナムが、社会的ネットワークの象徴的事例として集団でおこなうボウリングを取り上げたことは非常に有名である。つまり彼は、人々の社会的関係性の豊かさを象徴するひとつの指標として、和気あいあいとプレーでき、プレーの合間に飲食や会話をともにすることができる、集団単位でのボウリングに注目したのである。アメリカで、こうした定期的に仲間同士でボウリングをおこなう人（リーグボウラー）が減少し、偶発的に個々でボウリングをおこなう人（オープンボウラー）が増えた様子を、彼は「Bowling Alone（孤独なボウリング）」と呼び、その著書のタイトルとした。(2)

　もちろん、ここまでみてきた取り組みは、あくまで地域に残存した既存のネットワークがボウリング場にやってきただけであり、ボウリングが新たなネットワークを作ったわけではない。だが、前述のパットナムが「社会規範やネットワークといった（略）社会資本も、使うと増え、使わないと減る(3)」とするように、既存のネットワークも常に何らかの活動を通じて

第2章　地元企業・団体のエネルギーを生かす！

維持されなければ弱まっていく。ここまでみてきた取り組みは、そうしたネットワークを維持する場として作用していると言える。

●ボウリングによる新たなネットワーク作り

　以上のような既存の地域ネットワークの取り込みに加え、新しいネットワークを作る試みもおこなわれている。

　気仙沼さくらボウルでは、定期的にボウリング教室を実施している。教室を実施すると、参加者は当初はお互いに知らない者同士であるために緊張感が漂う。そうした状況で、指導者である小川はボウリングの技術の話をほとんどせず、受講者同士が仲良くなるようなはたらきかけだけをする。そうして次第にメンバーがお互いに仲良くなっていくと、教室後、そのメンバーでクラブを作るように提案する。クラブの主な活動は、そのメンバー内でリーグという定期的な試合をおこなうことである。つまり、教室の場で生まれたネットワークを、継続的なものにしていこうとするのだ。また、クラブのメンバー同士で旅行したり、クラブ間で交流をおこなう場合もある。2017年には、1年間で延べ72人が教室に参加したが、結果的にそのうち55人がクラブに加入した。教室に参加した人の実に約75パーセントが、ボウリング場を通じて新しいネットワークを形成したのである。

　なお、気仙沼さくらボウルでは、教室経由でクラブに加入した人には、一人一人の身体的特徴や投球のくせに応じた穴を開けた完全オリジナルのボールをプレゼントする。ボール代の出費は同ボウリング場にとって大きな打撃だろうが、それでもこのサービスは固定客を増やしながら収益を確保する重要な仕掛けである。すなわち、定期的にリーグに参加する客たちにとって、重いボールを持って移動することはわずらわしい。そこで、場内に設置された貸しロッカーにボールを保管するように促すのだ。同ボウリング場の場合、1台年間2,000円から3,000円のロッカー代を徴収していて、施設内に100台ほどの貸しロッカーを設置していることから、年間30万円程度の売り上げを見込むことができる。この売り上げは重要で、収益の柱のひとつになっている。

　こうした教室を通したネットワーク形成に加えて、若年層のネットワーク形成のために、2018年度からボウリングのスポーツ少年団が結成された。若年層を取り込むことは、長期的な利益を考えるためには重要だが、

多くのボウリング場ではそうした事業に取り組みにくい。なぜなら、若年層はゲーム代の単価が安いからである。多くのボウリング場が短期的な利益減少を恐れて若年層育成に取り組むことができないなか、気仙沼さくらボウルはこうした事業に積極的に取り組んでいる。それが可能なのは、リニューアルしたばかりなので、長期的目線で利益を考えることができるためである。

そして2018年度には、11人がスポーツ少年団に参加することになった。こ

写真3　ドリルでボールに穴を開ける様子（筆者撮影）

れらのメンバーは、頻繁に気仙沼さくらボウルに来ていた小学生数人に加えて、ボウリング教室に来た人に子どもや孫を紹介してもらって集まったものだ。こうした取り組みの裏では、子どもの練習を見にきた団員の親同士が交流し、新たなネットワークを形成することも期待されている。

● **固定客の確保による事業性の向上**

以上のように、気仙沼さくらボウルでは、ボウリングを通じて既存の地域ネットワークを取り込むと同時に、新たなネットワークを形成している。こうしたスポーツまちづくりCUBEの「社会的ネットワーク」を高めることで固定客が増加し、ボウリング場の「事業性」も次第に上がっていった。

リニューアル後の1、2年目は、気仙沼さくらボウルの収益は赤字だった。その際には、丸和のほかの事業、すなわち燃料販売やパチンコによる収益で補填することで事業を継続することができた。しかし3年目には、尾形が想像を超えるぐらい高いと評価するほどの収益を上げることがで

き、ボウリング場事業単独で採算をとることが可能になった。震災前のさくらボウルでも、ボウリング場事業の収支はやや赤字という状態が続いていたため、このことは大きな進歩だった。その要因について尾形は、ここまでみてきたようなネットワークを広げる事業が収益として返ってきているためとみている。つまり、地道に作り上げてきたネットワークによって、多くの人たちが固定客として頻繁にボウリング場を利用するようになったことで、事業性が高まっていったのである。

3 ボウリング以外の事業による新たなネットワーク作り

　以上、ボウリングを起点としたネットワーク作りの事例をみてきた。こうした地道なネットワーク作りによって事業性が高まると、得た収益を次第にボウリング以外の面にも使えるようになっていく。尾形が「うちをハブみたいにしてもらうというか……そういう考え方もできる施設になると、すごく僕はいいなと思います」と言うように、気仙沼さくらボウルでは、ボウリング以外の事業からもネットワーク作りをおこない、まちづくりを進めようとしている。

●さくらマルシェ

　気仙沼さくらボウルでは、施設2階のフリースペースを開放し、地元の雑貨店やマッサージ店などが出店する「さくらマルシェ」[4]というイベントをおこなっている。このイベントを企画したのは伊藤で、ボウリング業界の「よそ者」であるからこそ発案できたイベントである。

　伊藤は、今後気仙沼さくらボウルが地域に愛されるようになるためには、ボウリングに無関心な層、特に女性を取り込むことが不可欠だと考えた。そして、女性が喜ぶ事業とは何かを考えている際、夫人が地元（岩手県一関市）のマルシェに参加したという話を聞き、それが同ボウリング場でも実現できないかと思い付く。そこで、一関で活動している雑貨の作家などを紹介してもらい、2016年3月に気仙沼さくらボウルの1周年記念事業も兼ねて第1回さくらマルシェを実施した。しかし、この日は伊藤が驚くほどに人が集まらなかったという。それは、気仙沼にはマルシェという文化が根づいておらず、多くの人たちにとって未知のものだったからであ

写真4　第6回さくらマルシェの様子（筆者撮影）

る。またそれに加えて、地元から遠い地域の店舗が出店していたことも、客足が伸びなかった要因だった。

　第1回の反省を踏まえ、伊藤は、気仙沼で活動している雑貨の作家を見つけてさくらマルシェに参加してくれるようオファーしていった。また、回数を重ねるにつれ、当初は客として参加していた人が自ら店舗を出店するようにもなった。そして2017年11月に実施された第6回には、実に16もの店舗が参加するようになっている。

　こうした着実な参加店舗数増加の背景には、さくらマルシェを通じたネットワークの拡大がある。例えばあるカイロプラクティックの店舗は、以前出店した別のカイロプラクティックの店舗に紹介されて第5回から参加している。実店舗の営業を休んでまでもこのイベントに参加している理由は、主に宣伝のためである。つまり、気仙沼ではまだカイロプラクティックというものが十分に認知されていないため、さまざまな人たちが集まるさくらマルシェのような場に出店することが、重要な宣伝になるのだ。また、このイベントにはさまざまな雑貨の作家が集まるため、そうした人た

ちと交流することも個人的な楽しみだと言う。

　この店舗に代表されるように、出店者にとってのさくらマルシェとは、既存のネットワークを利用して参加する場であると同時に、新たなネットワークを生む可能性がある場でもある。そしてここには、ただのボウリングの消費者とは異なる、まちづくりの担い手としての出店者たちの姿が見て取れる。出店者たちは、ボランティア組織のように組織化された活動をおこなっているわけではないものの、イベントに定期的に出店することで、気仙沼さくらボウルのまちづくり事業を間接的に「支援」していると言える。

●キッズパーク構想

　尾形は、こうしたイベントを通じてのネットワーク形成に加えて、今後より多くの人たちを巻き込むような施策を実行したいと考えている。現在の気仙沼の企業経営者たちの間では、将来の気仙沼を担う人材が今後、仙台や東京などの大都市圏に流出してしまうという危機感が共有されている。同様の危機感をもつ尾形は、わざわざ都会に行かずとも、気仙沼のなかで楽しめる場所を提供する必要があると考えた。そして、エンターテインメント事業のノウハウをもつ丸和にこそ、それが可能だと考えている。

　そこで丸和の新たな事業として考えられているのが、キッズパーク構想というものである。これは、気仙沼さくらボウルの隣接地を買い取って、アスレチック施設や絵本・ビデオライブラリーなどを備えた公園を作る計画である。そのコンセプトは、ボウリング場も含めた総合的な遊び場の形成で、楽しく体を動かすということを事業の中心にしながら、音楽などの文化的な活動も含めた、子どもたちが一日中楽しめる場所を提供することが目的だ。そしてゆくゆくは、この施設があるから気仙沼に移住したいと言われるほどのシンボル的な施設にしたいという。

4 気仙沼さくらボウルのスポーツまちづくりの特徴

　ここまで、気仙沼さくらボウルのまちづくりの事例をみてきた。これがほかの事例と大きく異なる点は、以下のとおりである。

　第1は、気仙沼のまちづくりを考えた尾形が、すでにボウリング場とい

うスポーツ施設事業をおこなっていた点である。そして当然、この施設は24時間365日、尾形がおこないたいまちづくり事業のために利用することができた。このようにスポーツまちづくりCUBEの「スポーツインフラ」を調達するための障壁が比較的低かったことが、ほかの事例との違いである。

　この事例の特色の第2は、例えば宇都宮ブリッツェンによる「自転車のまち宇都宮」事業の背景に宇都宮市の支援があったように、行政やボランタリーな組織が事業の下地に存在したわけではないことである。つまり本事例は独立した企業単独による取り組みで、ほかの事例に見られるような官民のネットワークがほとんど存在しなかった。

　また、一般的に人とスポーツとの関わり方として、「する・みる・支える」という3つの関わり方があると言われるが、ほかの事例では「みる」ことの魅力が強いものが多い。一方、ここで取り扱ったボウリングは、現在は、残念ながらまだトップレベルの競技に強い魅力があるとは言いがたい。だが逆に、誰でも手軽にプレーでき、ストライクなどの喜びを仲間と分かち合えるという魅力に満ちていることから、スポーツを「する」面からまちづくりがおこなわれたというのが、本事例の特色の第3である。
(5)

　以上を踏まえたうえで、本事例のスポーツまちづくりCUBEのあり方をまとめよう。気仙沼さくらボウルでは、ネットワークを通じて収益を高めるという、「社会的ネットワーク」の広がりと「事業性」の向上が密接に結び付くようにして経営がおこなわれていた。同ボウリング場は、子ども会やシニアクラブといった既存の地域ネットワークをボウリング場に取り込んだ。また、ボウリング教室を通じたクラブやスポーツ少年団の結成などで、ボウリングを通じて新たなネットワークを生むことができた。こうしてボウリングを起点に生まれたネットワークによって、多くの人々が固

表2　気仙沼さくらボウルの主な事業（2018年4月現在）

既存のネットワークを取り込む	子ども会による利用	ボウリング関連
	シニアクラブによる利用	
新たなネットワークを作る	ボウリング教室によるクラブ結成	
	スポーツ少年団の結成	
	さくらマルシェによるつながり	ボウリング以外
	キッズパーク（予定）	

定客としてボウリング場を利用するようになり、結果的に事業性が高まっていった。さらに、こうした事業性向上を背景として、さくらマルシェのようなイベントやキッズパークなどによって、今後はボウリングからかけ離れた部分でもネットワーク形成が期待される。

このように、被災地という地域ネットワークの乏しい地域でスポーツまちづくりをおこなおうとした本事例では、「社会的ネットワーク」の形成が重要なキーとなっていた。そしてそこに集う人たちは、確かにボウリング場の事業性向上にも関わっていたものの、単純にボウリングの消費者とも言い切れなかった。例えば教室を通じたクラブは、ただ集団でボウリングをおこなうだけではなく、旅行や食事など、人間関係がボウリング場の外にまで飛び出していった。あるいは、さくらマルシェの出店者の多くはボウリング場に直接お金を落としているわけではないが、さくらマルシェに出店することで、気仙沼さくらボウルのまちづくり事業を盛り上げる「支援者」になっている。こうしたボウリング場の枠を飛び出した社会的ネットワークの形成は、被災地・気仙沼のまちづくりの第一歩として重要だった。気仙沼さくらボウルの挑戦はまだ始まったばかりであり、すでにスポーツまちづくり事業に成功した事例ではないが、将来性に期待できるだろう。

ただし、このように将来性がある取り組みではあるものの、現時点では、ボウリング以外の事業が収益に直結していない点に限界がある。例えばさくらマルシェでは、割引券を各店舗に配布している。これを販促に利用してもらい、買い物客にボウリングをプレーしてもらうという循環をつくろうとする意図がある。だが現実的には、この割引券を利用してボウリングをプレーする人はまだ少ない。今後は、こうしたボウリングと無関係な事業からも安定した収益を獲得できれば、まちづくりをより持続的におこなうことができるようになるだろう。

なお、気仙沼さくらボウルの経営モデルは、地域密着型のプロスポーツクラブ経営に類似している。つまり、大きなスポンサー企業をもたないプロクラブは、選手がボランティア活動やスポーツ教室などをおこなうことで地域住民に認知され、集客を図る。そしてスタジアムやアリーナで結成された観客のネットワークは、スタジアムやアリーナを飛び出して地域活動へとつながり、まちづくりが進んでいく。そしてまちづくりが進めば、集客やクラブ運営にボランティアで関わる人が増え、クラブが大きくなっ

ていく。こうしたプロクラブと地域住民の相互関係に似たものが、気仙沼さくらボウルでも作られようとしていると言えるだろう。

より深く学びたい人へ

▶ロバート・D・パットナム『孤独なボウリング――米国コミュニティの崩壊と再生』柴内康文訳、柏書房、2006年

　本文でもふれたように、アメリカでは、集団単位でのボウリングが社会的絆（ソーシャルキャピタル）の象徴のひとつといわれている。まちづくりの根幹ともいえる社会的絆の重要性について記した大著。

▶笹生心太『ボウリングの社会学――〈スポーツ〉と〈レジャー〉の狭間で』（青弓社ライブラリー）、青弓社、2017年

　日本でボウリングはいかに多くの人たちに受け入れられていったのか、そのプロセスを描いた著書。日本のボウリングの普及過程に加え、特徴的なボウリング場として、気仙沼さくらボウル、ラウンドワン、沖縄のボウリング場の事例を比較している。

▶谷本寛治編著『ソーシャル・エンタープライズ――社会的企業の台頭』中央経済社、2006年

　一般的に、まちづくりのような公益性の高い事業には自治体が主体的に取り組むケースが多いが、近年では、本事例のように、民間企業が公益性の高い事業に乗り出すケースが増えている。こうした企業をソーシャル・エンタープライズ（社会的企業）と呼ぶが、この書ではその増加の背景や具体的事例を紹介している。

注

（1）2018年には、これらの仮設商店街はほかの地区に移転した。
（2）ロバート・D・パットナム『孤独なボウリング――米国コミュニティの崩壊と再生』柴内康文訳、柏書房、2006年
（3）ロバート・D・パットナム『哲学する民主主義――伝統と改革の市民的構造』河田潤一訳（叢書「世界認識の最前線」）、NTT出版、2001年、210ページ
（4）マルシェとはフランス語で「市場」の意味で、近年では地元の特産品や雑貨などの販売をおこなうイベントをこう呼ぶことが多い。
（5）ボウリングは2020年のオリンピック東京大会の追加種目の候補に残ったが、残念ながら落選してしまった。ただし、世界一ボウリングが盛んなアメリカで開催される28年のロサンゼルス大会での追加を目指し、世界のボウリング界はいま大きな変革をおこなっている。そして、長くボウリングに携わってきた小川も、ジュニアボウラーを育て、気仙沼からオリンピアンを輩出したいという思いをもっている。

第3章

地元で盛んな
スポーツを生かす！

岩月基洋／関根正敏

1 常勝によってつくられた「バスケの街」を支えるまちづくり

秋田県能代市の事例

岩月基洋

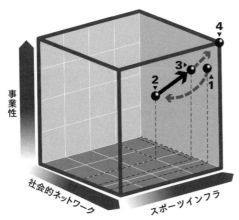

1 ▶ 過去：能代工業バスケ部が全国的に稀有な強豪校として認知度が高く、能代カップ開催など、市民がバスケの街として誇りを感じて関心をもつ。
2 ▶ 計画前：能代工業バスケ部が全国で勝てなくなり、協力者の世代交代もあって、市民の関心や社会的ネットワークが徐々に弱くなる。
3 ▶ 計画後：バスケの街づくり推進計画の策定。能代バスケミュージアムを設立して、推進委員会を通じてさまざまな取り組みやネットワークの再構築。
4 ▶ これから：事業主体の形成支援、バスケミュージアム、能代工業や秋田ノーザンハピネッツなどのスポーツインフラが機能するための体制を構築。

ハイライト

- 「バスケの街能代」の由来である、能代工業高校男子バスケットボール部（以下、能代工業バスケ部と略記）は、長年にわたって全国大会で勝ち続けることで、市民の誇りになっていった。それによって、行政、関係団体、市民の支援を引き出し、スポーツインフラとして機能していった。
- しかしながら、能代工業バスケ部が近年これまでのような成績を残せなくなるなか「バスケの街」としての知名度や実績が地域活力に生かしきれていないということが課題になった。そこで、能代工業バスケ部だけに頼らない「バスケの街」をテーマに、市民協働の「バスケの街づくり推進計画」が策定された。
- 計画策定後、新たに推進委員会を設置して従来の「バスケ」の枠を超えた社会的ネットワークを広げる試みがなされている。拠点施設として能代バスケミュージアムを設立し、能代工業バスケ部の功績を広く市民に伝えるだけ

でなく、まちなかでバスケに触れる機会が増えてきている。
- バスケの街づくりの取り組みのほとんどは、行政によって事業性が確保されている。より多くの市民が関わり、支援の輪を広げていくために、新たな取り組みへの助成制度をはじめ、主体形成への支援を通じて事業が実施されている。今後は持続的な事業化の道が模索されている。

　酒場で地元住民と話をすると、何かしらバスケのことを語ることができてしまう。タクシーに乗ると運転手とバスケの話題で盛り上がってしまう。地域の記憶がバスケで共有されている、そんな「バスケの街」が東北にある。秋田県能代市である。圧倒的な強さを誇った高校バスケ部の存在によって、バスケットボール界だけではなく全国にその名を知らしめた能代市では、行政が主導しながら、市民と協働して計画に沿った形でバスケの街づくりを推進している。

1 能代市と「バスケ」
圧倒的な強さを誇った能代工業バスケ部の存在

　能代市は、秋田県の北西部に位置し、日本五大松原に数えられる「風の

表1　バスケの街づくり年表

年	バスケの街づくりに関する主な出来事
1988	第1回能代カップ開催
1989	「バスケの街づくり」事業開始
1993	能代市総合体育館 開設（10月）
1995	能代山本スポーツリゾートセンター「アリナス」開設（4月）
2003	新バスケの街のしろ推進計画 施行
2006	旧能代市と二ツ井町が合併→計画は継続（3月）
2007	秋田わか杉国体開催：バスケ会場（9-10月）
2010	秋田ノーザンハピネッツbjリーグ参入
2011	北東北インターハイ開催（7-8月）
2011	バスケの街のしろ推進計画 施行
2012	能代バスケミュージアム開設（5月）
2016	秋田ノーザンハピネッツBリーグ参入
2017	バスケの街能代記念事業 メモリアルイベント開催

松原」や、高さ58メートルの「日本一高い天然秋田杉」を有し、古くは木都能代として栄えた地域である。人口は5万3,353人（2018年10月末時点）と中規模の自治体（ただし、土地面積は広い）だが、ここには、全国優勝58回（3大大会：高校総体〔インターハイ〕、国体、全国高校選抜〔ウインターカップ〕）を誇り全国的に有名な県立能代工業高校男子バスケットボール部がある。東北人の粘り強い気質、雪で鍛えられた足腰の強さを基本とした、オールコートプレスというアグレッシブなプレースタイル、規律正しさや一糸乱れぬ応援といった独特のスタイルから根強い人気を誇り、大学や社会人のトップチームへも多くの選手や指導者を輩出している。このことが「バスケの街能代」の由来になっている。1990年代に大人気だったマンガ『SLAM DUNK』（井上雄彦、集英社、1990—96年）に出てくる、圧倒的な強さを誇る王者として描かれている山王工業のモデル校（とされている）と言えばわかるだろうか。日本人初のNBAプレーヤーである田臥勇太選手（Bリーグ栃木ブレックス所属）の出身校でもあり、98年には、全国大会で3年連続3冠を果たし、全国的なニュースになるほどの注目を集めた。バスケに関わる人もそうでない人も、能代と聞くと「バスケ」というイメージが広く定着しているのは、この時期の結果が大きく影響している。

　能代市では能代工業バスケ部の知名度を生かして、1989年の国のふるさと創生事業の一環として「バスケの街づくり」事業がスタートした。大規模施設の整備に加えて、市内公園にバスケリングの設置、バスケリング型の街路灯の設置をおこなうなど「バスケの街」にするべくさまざまな取り組み（表1）をおこなっていった。とはいえ、能代工業バスケ部の集客力、地域ブランドとしての発信力の大きさから、バスケの街＝能代工業バスケ部として認識されていて、市民にとっても能代工業バスケ部が全国で勝って当たり前という絶対的な存在になっていた。

　しかしながら、2010年に筆者が初めてその「バスケの街能代」に足を踏み入れたときは、まちなかにバスケがあふれていると感じることはできず、探してやっと関連したものを見つけられるといった様子だった。案内などの情報を得ることができるものもほとんどなかった。圧倒的な強さを誇った能代工業バスケ部のイメージから連想していた「バスケの街」とはギャップが存在していたというのが正直な印象だった。折から能代工業が全国で勝てなくなっていたこともあり、これまでまちに「バスケ」が蓄積してきたものを生かして、より市民の活力につなげていく、次の「バスケ

の街」の在り方が模索されていた時期だった。

そのような状況下で、市は2008年に策定された市の最上位計画である総合計画にある「バスケの街づくり」の実行計画として、「能代市バスケの街づくり推進計画」の改定を、1年前倒しで実施することになった。これは、能代工業バスケ部のこれまでの栄光の歴史や功績をきちんとしたかたちで地域に残して後世に受け継いでいくこと、そしていまのうちに能代工業の知名度を生かして、全国に先行してバスケをテーマとしたスポーツまちづくりをおこない、行政が主導しながらも市民が主体的に関わることで地域の活性化につなげていくためだった。

2 市民のネットワーク形成を促進するための推進計画

2011年6月に計画策定のための組織として、バスケの街づくり推進会議が設置された。まちの多様な人が関わって作る市民計画の必要性という認

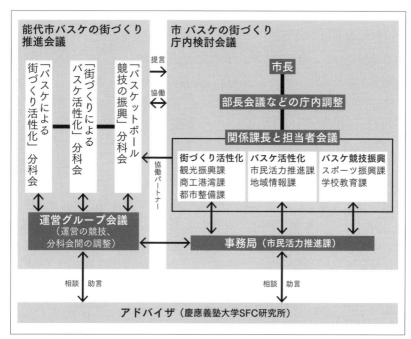

図1　推進会議 組織図（筆者作成）

識から、総勢45人（市民30人、行政関係者7人、事務局5人、筆者ら外部有識者3人）の構成になった（図1）。担当課である企画部市民活力推進課のバスケの街づくり推進担当（当時）の加賀谷覚を中心に、事務局と筆者らは計画策定の方針を固める作業を進めていった。まちの状況を考慮して、競技振興はこれまで同様に継続してよりいっそう進めていくが、それだけを目的とせず、「バスケ」は地域資源であり、有力なコンテンツとしてまちづくりに活用するツールであるという、手段としての側面が重視された。[2]

　では、「バスケの街」には何が必要で、どうすれば成立したといえるのか。事前に実施した準備会などの意見を踏まえて、①経済的効果（地域活力の視点：バスケを使ってどのように稼げるまちにするか）、②社会的効果（市民文化の視点：まちの魅力向上やまちづくりの取り組みの担い手の増加を中心に、バスケを使ってどのようにまちづくりを盛り上げるか）、③競技的効果（競技力、競技の魅力、価値向上の視点：強い、愛されるチームとして、競技力の向上、育成と強化を目的としながら、まちづくり活動を通じてどのようにバスケを盛り上げるか）の3つの視点を設定した。それぞれの視点に対応するように分科会を設置し、取り組みの主体になると想定される市の担当部署、団体、個人で構成されたメンバー[3]を中心に、それぞれの効果をもたらしていくことを各分科会の主題とした。「バスケの街」の実現に向けて、計画策定の場にまちづくりの（または事業）関係者が網羅的に参画し、目指すべき成果を共有するために、全員参加型のワークショップを採用して意見を集約した。その際、バスケの街づくりの成果（アウトカム）の構造化に力点を置き、まちづくりのビジョン（目指すべき街の姿）、ゴール（そのために達成すべき目標）、取り組み（目標を達成するための活動）の3層からなるよう全体構造を設定している。3層のなかでも、ビジョンの実現に向けた4つのゴールの設定と、ゴールの構成要素を抽出し、段階的な取り組みの方向性を設定することで、実行計画の性質を強く意識した構造になっている（図2）。構造化の際には、取り組むべき事業と実施する主体、役割分担を明確にし、取り組みを短期（3年）―中期（6年）―長期（10年）の時間軸と実現可能性の2つの軸で整理した。その結果、バスケの街能代のビジョンは「能代はバスケの聖地であり、聖地は人々が訪れ、そして元気になる」という意味も込めて「バスケでみんなが元気になれる街」となっている。バスケの街づくりのゴールとしては、ゴール1「本物のバスケに触れられること」、ゴール2「バスケで誰でも集えること」、ゴール3「バスケで地域が潤えること」、ゴール4

「バスケが街なかで感じられること」を設定した。これは競技振興だけでなく、まちなかでのさまざまな取り組みによって市民が関わっていくことを強く重視したものであり、能代工業だけに頼らない、バスケをテーマとしたスポーツまちづくりへのシフトを表すものとなった。

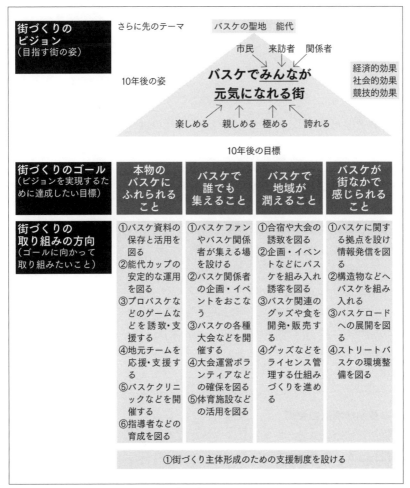

図2　バスケの街づくり推進計画体系図（概要）

3 | 推進組織×助成制度×拠点施設 による事業性の確保

　計画策定と並行して筆者らは、バスケの街づくり事業に親和性があり、関わる可能性があると思われる市内の事業者（75団体）を対象に、市民事業の推進に必要な条件やニーズの把握をおこなった。そこから重点施策として、①事業・活動資金の支援、②推進組織（実行委員会）の設置、③行政の担当機能強化、④人材交流や市民ネットワークの整備、⑤対外的な情報発信の充実、⑥競技にふれる環境の整備、が挙がった。そこで市は、これらに対応するように「推進組織の整備」「事業助成制度の整備」「情報拠点となる施設整備」の3つの施策に着手していった。

●推進組織の整備

　まず、行政の機能強化と推進委員会の設置の2つを通じて推進体制が整備された。

　行政の機能強化は、バスケの街づくり専任の担当職員が配置されたことである。これは、バスケに関する事業活動のための問い合わせが一元化されることを意味している。関係する各部署と連携するための窓口として担当課と担当職員が特定されたことで、行政としての機能強化と事業推進のための連携がしやすくなった。

　推進委員会は計画の推進と点検をおこなうための組織として設置され、10人程度の委員（任期2年）が活動している。新たな主体づくりという意味もあり、委員は原則40代よりも若い年齢層で構成されている。推進委員会では、①計画の推進（計画内容の周知、実践サポートの検討）、②計画推進状況の点検（指標と推進実態の把握）、③計画推進のための方策の検討（PR戦略の検討と実施）が主な役割になっている。また、2014年から地域おこし協力隊の制度が導入され、これまで3人の隊員がバスケの街のPRやバスケに関する活動を実施していった。

●事業助成制度の整備

　推進組織の立ち上げと同時に、主体の取り組みに向けた動機づけと、その根拠となる予算の裏付けとして、バスケに特化した補助事業制度である「バスケの街づくり市民チャレンジ事業」が設立された。上限は10万円

で、用途に柔軟性をもたせたスタートアップ補助を目的としている。この制度では、活動にかかる経費を団体や個人が無償で提供する労力と、労力を換算しその活動に見合う額で市が補助するというマッチングファンド形式をとっているのが特徴である。年に10件程度の申請を想定して予算化している。

● **情報拠点となる施設整備**

バスケの街づくりの象徴、そしてまちなかの中核施設として、2012年5月に能代バスケットボールLIBRARY＆MUSEUM（略称・能代バスケミュージアム）が開設された。日本で唯一のバスケットボールの資料館である。バスケの街づくり推進担当など職員3人が常駐し、年間約4,000人が来館する施設となっている。バスケットボールに関する書籍や各種資料が所蔵され、開設当初約800点だった資料数は、18年3月末時点で1万1,647点まで増えている（書籍：6,338点、その他：5,309点）。開設にあたって、能代市ではバスケットボールに関連する貴重な品々が所有者の高齢化に伴って処分されつつある状況も相まって、希少価値が高い品々の保全と管理の視点から専用の施設の整備が急務だったという実情があった。これに、「月刊バスケットボール」（日本文化出版）の元編集長である島本和彦が、自身が保有する貴重な品々を寄付したことで設立が進んだという経緯があり、島本のネットワークを通じて、多くのバスケ関係者がイベントやシンポジウムなどさまざまな場面で協

写真1　能代バスケミュージアム外観（筆者撮影）

力している。現在では、市民をはじめ、市内外のバスケ愛好者である個人を中心に、能代工業バスケ部の関係者、Bリーグの秋田ノーザンハピネッツといったチームなどからの寄贈も増えていて、運営資金の寄付も受けている。展示品数が増えたことで、ミュージアムでの展示だけでなく、地域の祭りやイベントへの出張展示がおこなえるようになり、市民に向けた内へのPR、外に向けたシティプロモーションに積極的に活用している。また、市内小学校の社会科見学や推進委員会にも利用されていて、バスケに関連した情報集約や発信をおこなっている。さらにバスケ関連イベントに合わせた企画や展示をすることによって、バスケ愛好者に限らず市民が立ち寄る様子が見られるようになっている。市民にとっては情報の共有をきっかけに、バスケと各種イベントを掛け合わせた活動をおこなう拠点施設としての役目も果たすようになってきている。

以上の3つの環境を整備し、それぞれを掛け合わせることで、まちなかでバスケをテーマとしたさまざまな事業がおこなわれているのが、能代市のバスケの街づくりの特徴である。

4 バスケの街づくりの推進状況を可視化する
成果と課題にみるスポーツインフラとしての可能性

バスケの街づくりでは、計画の推進状況に関わる情報を可視化して、市民に向けて常に発信し続けることで、「バスケの街」の気運を醸成することを試みている。計画施行の2012年度から測定されている市の総合計画の市民意識調査の結果からは、「バスケの街」をめぐる市民の動向が見えてくる。市民意識調査ではバスケの街づくりの成果指標として以下の3つを設定している。

〈バスケの街づくりの総合指標〉
1　バスケの街を他に誇れると思うか。
2　バスケを楽しめる環境があると思うか。
3　バスケの街づくりに関わりたいと思うか。

1は市民の関心度→本書でいうスポーツインフラとして機能しているか

表2　バスケの街づくりの総合指標の推移

統合指標/年度	2011	2012	2013	2014	2015	2016	2017
バスケの街を誇れる【関心度】	3.33	3.19	3.12	3.08	3.11	3.04	3.09
バスケを楽しめる環境【愛着度】	-	3.09	3.07	3.01	3.06	2.99	3.06
バスケの街に関わりたい【関与度】	-	2.61	2.46	2.44	2.46	2.29	2.37

表3　バスケの街づくりのゴールに紐づく重点指標

ゴール年	1 能代カップ総観客数	1 Bリーグ平均観客数	2 ミュージアム来館者数	2 バスケ合宿訪問人数	3 ロゴマーク登録数	4 まちなかで目にする物の数	市民チャレンジ事業採択数
2011	5,339	2,226	-	702	-	12	-
2012	5,243	2,166	3,788	954	-	12	5
2013	5,202	2,502	3,661	865	-	12	7
2014	4,797	2,431	4,502	1,130	5	12	8
2015	6,130	2,486	3,715	1,306	4	12	5
2016	5,088	2,517	3,699	1,342	2	16	6
2017	5,246	2,204	4,059	973	4	16	5

どうか、2は市民の愛着度→事業として取り組む根拠、3は市民の関与度→市民ネットワークの広がりの可能性を表している、と考えられる。1は、2007年から継続してデータを収集していて、そのほかは12年から収集するようになった(5)。結果として、12年をベンチマークとするとすべての項目について指標の値が下がっている(6)（表2）。特に1は、能代工業バスケ部は07年度に全国優勝したのを最後に厳しい戦いを強いられているため、それを反映しているのだろう。07年には4.12だったことから、バスケの街づくりの成果は、そもそものバスケの街たるゆえんである能代工業バスケ部の存在の大きさの影響を受け、その成績に左右されることが見て取れる。16年度は一度も全国大会に出場できなかったため数値はそれを反映している可能性が高い。しかしながら、そのような状況下でも、まちづくりに関わる多くの活動がおこなわれるようになったことで、思ったほど下がっていないという意見もあるように、水準を必要最低限維持している

と捉えることもできる。

　総合指標に加えて、測定可能な項目に関する数値データと推進委員の実感レベルでの評価検証を実施するために、KPI（Key Performance Indicator：重要業績評価指標）の考え方を導入し、ゴールを達成するために、取り組みを通じて変動する観測可能な評価指標のなかで、いくつかの重点指標を設定している。

　バスケの街づくりの誕生のきっかけである能代カップの入場者数（3日間合計）は2000年代半ばには7,000人で推移していたが、計画施行の前年（2011年度）と比べて多少の上下を経ているものの、現在までほぼ変わらず5,200人から5,300人で推移している。15年度は、6,130人と大幅に増加したが、これは能代工業の戦績への期待感（最終的に1月に開催されるウインターカップで全国3位）を表していた可能性が高い。また、バスケ合宿の訪問人数（アリナスでの合宿の延べ人数）は、車いすバスケットボールの日本代表が合宿をおこなうなど、幅広く活用される施設として年間約1,300人に達している。また、「バスケの街」というからには、まちなかで目にするバスケが感じられるようなものを増やす必要がある。そこで、市民の手によって中心市街地の商店街にサイコロの目がバスケットボールになっているモニュメントが設置されたり、14年度から制度が導入されている地域おこし協力隊の隊員がアーティストと協働して、市民の協力を得ながら作成したバスケットボールがテーマの壁画アートが中心市街地の商店街の3カ所に設置されるなど、まちなかの風景も少しずつではあるが変化を見せている。特にイベント開催時には、商店街に「バスケの街能代」のロゴのペナントやのぼりが立ち並ぶようになっている。さらに、12年からはバスケロードフェスティバルという新たなイベントが継続的に開催されていて、まちなかでのバスケに関するものの露出は確実に増えている。いちばん話題となっているのは、能代駅でリゾート列車が停車中にホームに設置されたバスケリングでフリースロー体験ができるようになっていることだ。旅客がこぞって参加するほど好評であり、スタッフが能代工業バスケ部のユニフォームを着用し、写真スポットの顔出しパネルの設置など充実した展示になっている。そして13年度にはバスケの街のロゴマークが作成されて無料で活用できるようになっていて、17年時点までに登録件数が15件と、商品やパッケージ、広告に活用されている。さらに全体的なブランディングの統一と事業性につなげるための仕組みが模索されている（表3）。

写真2　能代駅ホームのフリースロー体験の様子（筆者撮影）

バスケの街づくり市民チャレンジ事業の助成数は6年間で36を数えた。これまでの推進委員会の委員や地域おこし協力隊員が関わることによって実現できたものが多数であり、主体の形成と同時に、多くの協力者とのネットワークを形成することを通じて活動がおこなわれてきた。特にNBLM準備会代表で、推進委員会発足から委員長を務め、能代市内で最も有名なバスケ一家の一員である石井一生の力によるものが多い。石井が有する市内外のネットワークを生かして成立している企画として、

図3　バスケの街能代ロゴマーク

2012年度から開催されているバスケロードフェスティバルがある。これは、能代駅から能代バスケミュージアムを通って、能代工業高校までの道のりをバスケロードに見立てて、展示やイベントを実施する祭りである。これらの活動にはミュージアムがコミュニティスペースとして役割を果たしていることもあげられる。全体的に人と人とがつながる機会が増え、徐々にネットワークが形成されてきていて、バスケットボール関連のイベントなどのほか、一般のイベントでバスケの要素を取り入れる機会も増えてきている。

　このように、計画に基づきバスケの街づくりが推進されてきたことによって、イベントや活動を含めたコンテンツが充実し、さまざまな取り組みが新たに生まれた。そうした活動を目にする機会が増えたり、各種マスコミに取り上げられたりしたことで、バスケの街の「実態」が形作られたことによって一定のPR効果があったといえる。しかしながら、これらの取り組みの定着やソフトコンテンツの充実が、市民の関心度の高まりには思ったほどつながっていない、という指摘が推進委員会のなかでも挙がっていて、より効果的な施策の検討が課題となっている。

　以上のことから、「バスケの街能代」を発信するには、バスケを通じて能代市のまちとしての潜在力や可能性を把握し、どのように能代を魅力的に伝えていくか、その方法を検討していくことが必要だといえる。国内外のバスケットボール関係者をはじめ、バスケットボールに触れた経験があれば、能代という名前は特別であり、何らかの憧れがある。一度は能代に行ってみたいという人への来能の理由づけとしても、バスケミュージアムが果たす役割は大きい。観光施設としての可能性も秘めているため、今後の拡大と、よりいっそうの充実に向けて2017年度には推進委員会から市長への提言書に盛り込まれるなど、その重要性の認識が高まっている。「バスケの聖地能代」を掲げ、バスケをテーマに人々が集まり、場からパワーをもらって元気になる、そのような「聖地」を目指すには、まちなかに新たな「場」として拠点になる施設の存在は大きい。

　一方、各年代で、特に能代工業バスケ部の全国での活躍など「強いバスケ」が能代にあることがバスケの街に活気をもたらすことは事実である。能代工業に頼らないバスケの街のコンテンツづくりをおこなっていくことと同時に、バスケの街のアイデンティティであり、バスケの街づくりの根幹である能代工業のバスケ部の競技力向上・強化に対する支援体制の構築

も必要となる。前述した計画策定で最後まで議論になったのは、能代工業バスケ部の強化ということについてだった。ほとんどの人にとって、また地域住民にとっても、バスケの街＝能代工業という認識であり、それはいまも大きく変わっていないのかもしれない。それは、地域の記憶として語り継がれていて、共有されてきたことの証しでもある。ただし、同時に、スポーツインフラとしては、地域との連携のなかで以前よりも活用されやすくなっている。これは、バスケの街づくり推進担当が能代工業バスケ部OBの小野弘樹だったことが大きい。拠点施設に常駐しながら、行政─学校─競技団体をはじめとして、能代工業バスケ部OB会や後援会との調整を進めることに小野は適任だった。小野がバスケに関わる市民のネットワークをつなぐ重要な役割を果たしたことによって、その大きな成果として、2017年度には能代工業バスケ部が全国初優勝から50周年のメモリアルイヤーとして、OB戦や現役戦などのイベントを能代市総合体育館で開催し、市内外から計1,856人の来場者を集めた。SNS（ソーシャルネットワーキングサービス）などの反響からも、能代工業のコンテンツ力は依然として高いということが証明されたのである。

　そして、Bリーグの秋田ノーザンハピネッツの存在も徐々に大きくなってきている。発足当初から能代工業バスケ部OBがスタッフや選手として入っていて、能代市を重要な場所として位置づけて秋田を本拠地とするチームの存在の浸透を進めていたと言える。2016年6月には、能代市と秋田ノーザンハピネッツとの連携・協力に関する協定を締結し、競技力向上への協力策として、能代工業バスケ部とのトレーニングマッチや、育成年代に向けたクリニックの開催などに取り組んでいる。また、夏の七夕行事として、日本一の高さを誇る巨大な鯱を冠した城郭型灯籠をはじめ巨大灯籠2基がまちじゅうを練り歩く「天空の不夜城」に所属選手らが引き手として参加するなど、地域イベントでの市民に向けた露出も多くなっていて、市民との関わりを深めている。今後も地域のスポーツインフラとして存在感をいっそう増す可能性がある。

5｜バスケの街づくりの今後の展望

　スポーツまちづくりCUBEの視点からみると、能代市の事例は、①スポ

ーツインフラ（能代工業）がその意味づけを変えながら機能していくための基盤づくり、②能代工業が積み重ねてきた歴史や偉業を市民が共有し、大切にしていくための拠点施設としてのスポーツインフラ（バスケミュージアム）の創出、③これらのスポーツインフラを活用することで、推進委員会を中心に社会的ネットワークを広げて、まちなかを舞台に萌芽して新たにスポーツインフラの可能性をもつような主体（秋田ノーザンハピネッツ）との協力を通じて、事業活動がおこなわれるようになっている、と分析できる。つまり、スポーツインフラを活用して、推進組織が核となり、競技関係者と街づくり関係者をつなぎ、情報を共有しながら効率的に取り組みを進めることが実践されてきているといえる。コンテンツを積み重ねてきたことで、バスケの街がもつ可能性が少しずつ顕在化してきていて、より大きな視点でのスポーツまちづくりに向かう段階にさしかかっているといえる。

　そのためには、まちづくりの多様なアクターのなかでも意思決定と実践にパワーをもつキーパーソンを巻き込み、連携して、よりスピード感をもって実践を仕掛けていくことが求められている。これまではそれを行政が引き受けて、活動のためのインフラを作り続け、事業性を確保することで活動がいくつも生まれてきた。今後は市民がより積極的に関わっていくために、地域住民の能代のバスケットボールやスポーツの捉え方と、まちづくりに関する捉え方をつなぎ、バスケの街づくりが率先して、能代の街づくりのゴールイメージを打ち出すことが求められる。そこにはやはりバスケの街能代の核である能代工業バスケ部や秋田ノーザンハピネッツといった存在が、主体として社会的ネットワークに組み込まれながら、スポーツインフラとして役割を果たしていくことが重要である。

　計画策定では、バスケの街づくりは、バスケのための街づくりではなく、あくまで能代でのバスケの街のあり方（ゴールイメージ）は何か、ということを関係者が共有することが大切だった。そのためにまちづくりの成果をどこに置くかの議論はあったが、何のためにスポーツ（バスケ）を生かすのかがあいまいだったとも指摘できる。これからはスポーツ（特定種目の活動やクラブなど）をまちづくりのためのコンテンツとして扱う（消費する）だけでなく、スポーツの発展（参加人口の増加、クラブの経営拡大など）とまちづくりの進展を相互依存の関係として認識する必要がある。スポーツをコンテンツとして活用することが目的化してしまわないように、次の

「バスケの街づくり」へと向かうべきだろう。

　能代工業バスケ部の礎を作った加藤廣志元監督は、バスケの街への期待を込めて「街づくりは人づくり」と語っていた。まさに能代工業の名を全国にとどろかせたその指導、教育者としての人づくりへの思いとバスケへの燃えるような情熱が、バスケの街の創生を支えてきたのである。そして、能代工業バスケ部が支えてきたバスケの街は、今度はバスケの街が能代工業バスケ部を支え、発展していくことになる。バスケの街づくりは先達の意志を受け継ぎ、世代交代をしながら次のステージに向かっている。

より深く学びたい人へ

▶玉村雅敏『行政マーケティングの時代――生活者起点の公共経営デザイン』第一法規、2005年
　　計画策定とその後の推進の理論的背景が理解できる。行政による市民計画の策定には、そのプロセスを通じて合意形成をはかるだけでなく、情報コモンズを作るという目的も存在する。常に市民が情報を共有でき、モニタリングできるような仕組みが必要となる。

▶加藤廣志『高さへの挑戦 改訂版――こうしてつかんだ栄光の全国V33 それが能代工バスケの神髄』秋田魁新報社、1998年
　　能代がなぜ「バスケの街」になったのか。全国にその名をとどろかせる能代工業バスケ部、そしてバスケの街の礎を築いた著者が語る本書からは、能代スタイルの原点は情熱だと伝わってくる。能代のスポーツまちづくりは常に「高さへの挑戦」であり、人材がどのようにして能代のバスケットボールで育まれてきたかがわかる。

▶伊藤耕平『最強チーム勝利の方程式――能代工バスケ部物語』日刊スポーツ出版社、2012年
　　能代工業バスケ部の歴史を振り返ることができる。各年代に、これほど個性的な選手の存在、そしてエピソードがある高校は存在するのだろうかと思えるほど豊富な内容。その後の街づくりへのつながりが最後に少し見えるような構成になっている。

注

（1）1988年（昭和63年）の「ふるさと創生1億円事業」政策によって、全国3,300自治体に一律1億円を交付したもの。
（2）岩月基洋／松橋崇史／玉村雅敏／金子郁容／加賀谷覚「スポーツのまちづくりにおける推進計画策定の手法開発――秋田県能代市「バスケの街づくり推進計画」を事例に」、地域活性学会編「地域活性研究」第5巻、地域活性学会、2014年
（3）各分科会のメンバー構成は以下のとおりに設定した。
　　［バスケによる街づくり活性化分科会］行政：観光振興課、商工港湾課、都市整備課、

　　　　市民：商工会関係者、商店会関係者、観光協会関係者、物産連盟関係者など
　　　［街づくりによるバスケ活性化分科会］行政：市民活力推進課、地域情報課、市民：能代工業バスケ部OB会関係者、まちづくり系団体関係者、バスケサポーターズのしろ関係者、ボランティア団体関係者など
　　　［バスケットボール競技の振興分科会］行政：スポーツ振興課、学校教育課、市民：秋田ノーザンハピネッツ関係者、能代工業高校関係者、県・市バスケ協会関係者（指導者など）、教員など
（4）秋田県初のプロスポーツチームとして2009年に発足。10年からbjリーグに参戦。16年からBリーグに参戦し、16—17シーズンはB1所属、17—18シーズンはB2に所属している。本拠地は秋田市で、能代市は準本拠地である。
（5）能代市ウェブサイト「バスケの街」(http://www.city.noshiro.akita.jp/g.html?seq=88) ［2018年12月3日アクセス］
（6）指標の数値は「思う：5、どちらかといえば思う：4、どちらともいえない：3、どちらかといえば思わない：2、思わない：1」とし、それぞれの割合と乗じて加算平均を算出したものである。

国際大会から波及した「自転車のまち」

栃木県宇都宮市の事例

関根正敏

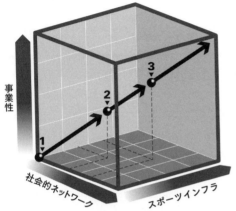

1 ▶ ジャパンカップ創設：宇都宮で自転車ロードレースの国際大会を毎年開催し続けて、レースの価値を高める方策を模索し始める。

2 ▶ 自転車関連施策に着手：宇都宮市行政が「自転車のまち」の実現を目指し、大会誘致以外の幅広い施策を展開する。

3 ▶ 宇都宮ブリッツェン誕生：地域密着型のプロチームが行政と連携を深めながら、「自転車のまち」づくりに向けた活動を充実させる。

ハイライト

- 宇都宮では、自転車ロードレースの国際大会「ジャパンカップ」が毎年開催されてきた。
- しかし、その国際大会だけではなく、自転車走行レーン、レンタルサイクルステーション、自転車安全教室など、市が自転車にまつわる施策を積極的に展開しはじめた。
- さらに、日本初の「地域密着型プロロードレースチーム」宇都宮ブリッツェンが誕生し、地域の支援を集めながら、「自転車文化」を醸成するための活動に乗り出した。
- プロチームや市行政が推進主体になって、「自転車のまち」に向けた多角的な取り組みを進めている。

「餃子のまち」として知られる宇都宮は、実は「自転車のまち」でもある。かねてから開催されてきたジャパンカップサイクルロードレースという国際大会を生かし、近年は「自転車のまち」づくりに向けて、市の行政が中心となり、「自転車専用レーン」「レンタルサイクルステーション」「自転車安全教室」など各種の取り組みを進めている。また、「地域密着型

プロロードレースチーム」宇都宮ブリッツェンが創設され、地域で自転車文化を育む活動を展開している。本節では、「自転車のまち」に向けた取り組みが広がりつつある宇都宮の経緯をたどる。⁽¹⁾

1 国際大会という既存資源を生かす

　宇都宮市は、東京から北に約100キロ、栃木県のほぼ中央に位置する県庁所在地で、2018年1月1日現在の人口総数が52万407人の中核市である。1960年頃から工業振興策を重視してきた宇都宮では、現在「自転車のまち」づくりを推進してきているが、その出発点には、「ジャパンカップ」という自転車ロードレースの国際大会がある。

●「自転車のまち」の前史──ジャパンカップサイクルロードレース

　ロードレースとは、ケイリンのように競技場内でおこなうトラック競技とは異なり、主に舗装された「一般道」を自転車で走り、ゴールの着順や所要時間を争う競技である。一見マラソンのような個人競技に思えるが、実際は、エースを勝たせるためにチームメイトがアシストするといったチームスポーツの側面が強い。この競技の大きな魅力は、公の道路を走行するため、平均時速40キロから45キロで走り抜ける選手たちを観客が目の前で応援できることである。

　ジャパンカップは、市の行政をはじめ、県内の自転車関係者の尽力によって1992年に創設された。第1回から市の郊外にある森林公園周辺の公道をコースとして世界レベルの選手が参加する大会が毎年開催され、四半世紀を超える歴史を蓄積してきた。ジャパンカップの特徴は、ツール・ド・フランスなど、世界の第一線で活躍する選手たちが「本気で」競い合う姿を観戦できる日本で最も格式が高い大会であり、アジアのなかでも最高レベルのワンデーレース（1日開催の大会）であることだ。国際自転車競技連合（UCI）が主催するロードレースシリーズでは、「UCIポイント」という得点で選手やチームの世界ランキングを決めるが、その得点を得るためには「UCI公認レース」に出場して好成績を収める必要がある。ジャパンカップは、その公認レースである「UCIアジアツアー」に位置づき、そのなかでも「オークラス」（Hors Class：超級）という最も高い「格付け」を得て

写真1　ジャパンカップサイクルロードレース（写真提供：宇都宮市）　　　©japan cup

いる。格付けが高いレースほど大きなポイントが得られるため、世界レベルの選手が「本気で」競い合う舞台となるわけだ。宇都宮市では、より注目度が高い選手やチームの出場を招待できるようにして、ジャパンカップを集客力やメディアバリューの高いイベントに仕立て上げるために、2008年にオークラスを獲得した。

●ジャパンカップの価値を見いだす

　ジャパンカップは確かにこれまでも「自転車愛好者」が熱狂するレースではあったが、市の事業として継続していく意義が明白とはいえない時期もあった。そうしたなかでの大きな転機は、2010年の「クリテリウム」の開催である。比較的長距離で競い合うロードレースに対して、クリテリウムとは、市街地などに設置された短い距離の周回レースのことである。主催者である市は、中心市街地の目抜き通りに交通規制をかけ、1周1・55キロの周回コースを敷設し、「ジャパンカップクリテリウム」を本番であるロードレースの開催前日に実施することにした。人通りも多く、交通アクセスもいい場所でレースをおこなうことで、市街地のにぎわい創出

写真2　ジャパンカップクリテリウム（写真提供：宇都宮市）　©japan cup

や、宇都宮のブランディング、自転車競技の魅力発信といった狙いを明確に定めたのである。日本の自転車界で先駆となる「まちなか」に注目したこのクリテリウムは、10年以降も毎年開催され続け、16年の第25回大会では、主催発表によれば、初日（クリテリウム）に5万人、2日目（本番のロードレース）には8万5,000人が足を運び、宇都宮で有数の集客力を誇るイベントになった。

　では、このジャパンカップは、どのような人たちが運営しているのだろうか。2016年の大会についてみてみると、宇都宮市が主催者になって、経済部都市魅力創造室が大会の統括業務にあたっている。そして、国や県、警察、消防、各種企業、地元大学といった関連アクターが側面的に支援するような立場についている（表1）。また、主管となるジャパンカップサイクルロードレース実行委員会は、宇都宮市長を会長とし、自転車競技連盟、自転車団体、宇都宮土木事務所、スポーツ推進委員会、会場周辺の住民組織、商店街関係団体、観光・まちづくり団体、メディア、市役所関係課などの幅広い関連アクターから34人が委員になっている。また、こ

表1　2016ジャパンカップに関与するアクター

大会名称	第25回記念 2016ジャパンカップサイクルロードレース
主　催	宇都宮市
主　管	（公財）日本自転車競技連盟／ジャパンカップサイクルロードレース実行委員会／NPO法人ジャパンカップサイクルロードレース協会
後　援	経済産業省／観光庁／スポーツ庁／栃木県／（公財）JKA／スポーツニッポン新聞社／下野新聞社／とちぎテレビ／栃木放送
協　力	栃木県警察本部／交通機動隊／宇都宮中央警察署／宇都宮市消防局／鶴カントリー倶楽部／レイクランドカントリークラブ／栃木県バス協会／栃木県タクシー協会／ろまんちっく村／ニューサンピア栃木／宇都宮共和大学／作新学院大学／東武鉄道／セブン–イレブン・ジャパン
特別協賛	富士重工業株式会社

（出典：「2016　JAPANCUP CYCLE ROAD RACE in UTSUNOMIYA REPORT」）

の大会に従事した関係者は、大会2日間の延べ人数で、競技役員を含む立哨員665人、警察・消防206人、制服警備員195人、市職員によるボランティア55人、その他ボランティア245人だった。スポンサーとしては、富士重工業が特別協賛、87社がオフィシャルスポンサーになって多くの支援を寄せた。

● 「自転車のまち」に向けた多角的な取り組み

宇都宮市では、ジャパンカップのような大規模イベントだけでなく、自転車にまつわるほかの事業についても複合的に実施してきている。表2のように、同市では、2003年に「自転車利用・活用促進計画」を全国に先駆けて策定し、その後も、10年に「自転車のまち推進計画（前期計画）」、16年に「後期計画」と、相次いで計画を打ち出しながら諸種の取り組みを開始してきた。

現在推進している後期計画では、「安全」「快適」「楽しく」「健康・エコ」「つながる」というキーワードのもとで、以下の表3のような多様な取り組みを推進

図1　『宇都宮市自転車のまち推進計画 後期計画』の表紙

表2 「自転車のまち宇都宮」略年表

1992年	11月	世界選手権（1990年）の記念レースとして第1回ジャパンカップを開催
2003年	3月	「自転車利用・活用促進計画」策定
2008年	10月	宇都宮ブリッツェン設立
	10月	第17回大会からジャパンカップが「オークラス」という格付けを獲得
2009年	7月	第1回うつのみやサイクルピクニックの開催
	10月	ブリッツェンの廣瀬佳正選手がジャパンカップで山岳賞を獲得
2010年	10月	宮サイクルステーションを設置
		ジャパンカップで「クリテリウム」が初開催
	12月	「自転車のまち推進計画（前期計画）」策定
2011年	10月	「自転車の駅」を市内16カ所に設置
2012年	10月	Jプロツアーでブリッツェンが年間団体総合優勝
2016年	3月	「自転車のまち推進計画（後期計画）」策定
2017年	10月	ジャパンカップでブリッツェンの選手が初めて表彰台に（3位入賞）

表3 「自転車のまち」推進に関わる重点施策

【安　全】	自転車走行空間（自転車専用レーンなど）のさらなる延伸 交通安全教室の充実
【快　適】	中心市街地における良好な通行空間の確保と駐輪環境の充実
【楽しく】	ジャパンカップサイクルロードレースの開催および周辺環境の向上 宮サイクルステーションの充実 自転車のまちのPR
【健康・エコ】	自転車通勤の促進
【つながる】	交通結節点における自転車利用の促進 サイクリングロードの整備延伸

（出典：『宇都宮市自転車のまち推進計画 後期計画』〔2016年〕から筆者作成）

してきている。

　車道を走りやすくするための「自転車専用レーン」、子どもたちに安全運転を促す「交通安全教室」、気軽にスポーツバイクが借りられる「サイクルステーション」、交通渋滞の緩和や環境に配慮した「自転車通勤の促進」、観光誘客も意図した「サイクリングロード」や「自転車の駅」の整備や「ルートマップ」の作成など、宇都宮市では、自転車をめぐるさまざまな視点を織り込んだ施策がおこなわれている。そして、そうした諸事業を、「自転車のまち」というキーワードでひとつの政策としてパッケージ

化することで、統一的なイメージを形成しようとしている。

2 「自転車のまち」の推進主体としてのプロチーム

　このように宇都宮市の行政が中心となり、多角的な取り組みが息づき始めているが、さらに注目すべきは、こうした「自転車のまち」の推進を支える存在として、宇都宮ブリッツェンというアクターがいることである。以下では、プロチームの誕生の経緯やその活動内容について説明したあと、そうした事業を持続させるための取り組みの実態について記す。

● 「地域密着型プロロードレースチーム」の誕生と展開

　宇都宮ブリッツェン誕生のキーパーソンは、現在、チームのジェネラル・マネージャーを務める廣瀬佳正である。宇都宮市出身の廣瀬は、ヨーロッパでも活躍した元プロロードレーサーだ。兄の影響で自転車に興味をもって競技を始めた高校1年生のときにジャパンカップを観戦し、世界トップ選手の姿に憧れてプロになろうと決めた。多くの競輪選手を輩出する作新学院高校自転車競技部に入部し、インターハイで表彰台に立つなどの成績を残した。そして、国内のクラブチームを経て、ヨーロッパでも活躍するチーム・スキルシマノに入団してプロ選手になる夢をかなえた。しかし、ヨーロッパのあるレースに出場した際に、選手としての転機を迎えた。廣瀬は、スタートラインに並んだときの様子について「自分がいちばん弱いと感じた」と述懐するが、そのとき世界のトップ選手と自分との間にある実力差を痛感し、その場で引退を決意したという。

　2008年6月、まだ現役選手だった廣瀬は、日本ではメジャーではないロードレースの魅力を広めて日本の競技力の底上げを図るために、宇都宮でプロチームの創設に向けて動きだした。企画書を携えて奔走する廣瀬に最初に協力の手を差し伸べたのが、現在チームの会長である砂川幹男だった。当時、宇都宮市の自治振興部長だった砂川は、宇都宮餃子のプロモーションなどの地域振興を担った経験があり、宇都宮が東京に勝てるものは何かと考えた結果、ジャパンカップという世界レベルの大会を生かしたいという思いをもっていた。砂川は、廣瀬がまとめた企画書を読み、「自転車のまち」づくりの推進にプロチームという象徴が重要な役割を果たすと

写真3　ブリッツェンのチームカラーに染まるアーケード通り（写真提供：宇都宮市）©japan cup

考えた。そして、自身の趣味である自転車を定年退職後のライフラークにするつもりで支援を開始したという。また、ロードレースの世界で廣瀬とともに活動してきた選手たちも協力を始めた。現在ブリッツェンの社長である柿沼章もその一人だった。柿沼は栃木県足利市出身で、廣瀬にとっては同郷の先輩である。当時ブリヂストンアンカーという企業チームの選手だった柿沼は、国内トップレベルのチームを離れ、ブリッツェンに監督として参加した。理念に共感した選手たちもチームへの加入を決めた。

　多くの人からの支えを得て、2008年10月に宇都宮ブリッツェンは設立した。チーム名は、宇都宮が雷が多い地域であることにちなみ、ドイツ語で「稲妻が輝く」という意味のBRITZEN（ブリッツェン）を採用したという。その運営会社としてサイクルスポーツマネージメントを組織化し、サイクルロードレースの価値の向上や国内のレース文化の発展を理念に掲げ、「地域密着型プロロードレースチーム」として始動した。主な参加レースを、Jプロツアーや国内のUCI公認レースに定め、宇都宮ブリッツェンは09年のシリーズでデビューした。日本初の取り組みではあったが、

参戦したレースでは着実に成績を残していった。同年10月にはホームタウンである宇都宮で開催されるジャパンカップに初出場、「フロントスタッフ兼選手」(8)だった廣瀬が山岳賞(9)を獲得した。創設4年目の12年シーズンには、Jプロツアーのチーム年間総合優勝、17年のジャパンカップでは、下部組織出身の雨澤選手がブリッツェンの選手として初めて表彰台に立った(10)。

　大手企業がメインスポンサーとなる実業団チームが地域貢献をあまり積極的におこなってこなかったなかで、地域密着を掲げるプロチームであるブリッツェンは、チームを支える地域に恩返しをするための活動を重視してきた。例えば、結成当初から、栃木県内の子どもたちに対する「自転車教室」を継続的に実施している。柿沼や廣瀬といったフロントスタッフや選手たちが市内の学校を巡り、自転車を安全かつ楽しく利用するための講習をおこなっている。2013年の実績では、幼稚園や小中学校で20回の講習会を実施し、合計4,781人が受講した。創設から16年までの間で、受講者総数は4万人を超えた。

　このように地域に根ざそうとするブリッツェンに対して、支援者は確実に増えてきた。活動6年目となる2014年にはミヤタサイクルが初めてのメインスポンサーとして参入することになり、同社が輸入代理店となるMERIDAから自転車フレームの提供を受けることになった。なお、14年のスポンサーの数は、ユニフォームスポンサー22社、ユニフォーム外スポンサー92社、サプライヤー39社の合計153社だった。また、有料のファンクラブ会員は、最上位のプラチナ会員が40人、ゴールド会員25人、レッド会員210人の合計275人となった。さらには、2018シーズンからは、大手スポーツ企業デサント社とのサポート契約が結ばれ、ユニフォームやチームウエアが、デサント社が手がけるル・コック・スポルティフというブランドで統一された。

● 「チケット収入」の代わりになるもの
　日本初の試みである地域密着型プロロードレースチームの創設には、疑問の声がなかったわけではない。廣瀬によれば、その大きな理由として指摘されていたのが、ロードレースチームにはチケット（入場料）の売り上げという収入源が見込めないことだった。野球やサッカーなどの競技と比較すると、ロードレースの場合、試合会場が主に公道であるため、観客席

を設けて入場料をとることは難しいのである。

　こうしたなか、ブリッツェンは、さまざまな手立てを講じながら収入源を確保していった。まず注目すべきは、「サイクルイベント」の活用という手法である。ここでいうサイクルイベントとは、タイムや順位を競い合うレースというよりは、自転車好きの誰もが気軽に参加し、サイクリングや観光、仲間づくりなどを楽しむものである。こうしたイベントをブリッツェンが主催・監修したり、そこに選手やスタッフがゲストとして参加することで、自転車愛好者やファン層の拡大を目指している。廣瀬が「もともと自転車競技のファンは少ないので、育てなければいけない」と述べるように、このイベントは、選手やスタッフと目の前で触れ合うことで、自転車愛好者やブリッツェンのファンを増やす機会となる。だが、それだけではなく、参加者が支払うエントリー費などを通じて確実な収益をあげ、事業を継続させることにつなげる手立ても同時に進めていった。例えば、2009年には、選手と触れ合いながら市内の観光資源を周遊するイベントとして、「うつのみやサイクルピクニック～ブリッツェンと一緒に宇都宮を楽しもう～」が始まった。第１回のイベントでは、エントリー費が大人3,000円から5,000円、小学生・中学生・高校生1,000円に設定され、約500人が参加した。このイベントは、ブリッツェンにとっては、「愛好者の拡大」と「収益の獲得」という２つの狙いを同時に達成する機会となった。なお、サイクルピクニックの参加者は、11年には800人、13年1,100人(11)と、年々増加している。(12)

　宇都宮市との連携事業もブリッツェンにとって重要な取り組みとなっていて、例えば前述の自転車教室は、宇都宮市安心安全課との連携で実施している。講師として選手１人・スタッフ１人が学校に赴き、交通安全クイズ、講話、実技、選手との交流をおこなう。従来、安全対策という事業は警察などの組織が実施することが多いが、宇都宮市がブリッツェンに協力を依頼しているのには、安全面だけでなく、自転車競技の魅力も一緒に子どもたちに伝えるという期待が込められている。各講習では、自転車運転の楽しさやスキルの向上という視点も重視し、スポンサーである人気マンガ『弱虫ペダル』（渡辺航、秋田書店、2008年―）のラッピングカーを校庭に配置して楽しいムードを作り出す。そしてその車の周りに、スラロームや一本橋渡りなどのコースを設置し、自転車の操作技術も学べるようにしている。また、修了者には、特製の自転車免許証も贈呈される。この教室事

第3章 地元で盛んなスポーツを生かす！

写真4　うつのみやサイクルピクニック（写真提供：サイクルスポーツマネージメント（株））

写真5　自転車安全教室（写真提供：サイクルスポーツマネージメント（株））

写真6　宮サイクルステーション（筆者撮影）

業は、地域貢献の意味合いもあり、行政からの収入自体は決して大きなものではないが、着実な収入源となっている。(13)

　さらに宇都宮ブリッツェンは、宮サイクルステーションやジャパンカップの会場となる森林公園にある宇都宮サイクリングターミナルという公共施設の指定管理者になり、市の「自転車のまち」の推進を支えている。この指定管理者という手法も、ブリッツェンには、数年間にわたって安定的な雇用を担保するうえで重要なものになっている。

3 ｜「自転車のまち」の進展に向けて

　このケースから指摘できることは、まず、ジャパンカップという世界レベルの大会が、「自転車のまち」の展開にとって重要な要素として、その価値が発掘されてきた経緯があるということである。「ツールドフランスさいたまクリテリウム」という露出が高いイベントの開催など、全国各地でさまざまな自転車関連の取り組みがある。しかし、アジア最高ランクのUCI公認レースというのは宇都宮にしかないものであり、関係者にとっては宇都宮の重要な「個性」とみなされている。ただし、ここで強調してお

きたいのは、ジャパンカップの創設当初から、世界大会という「個性」を活用して「自転車のまち」を目指す構想が明確にプランニングされていたわけではないことである。むしろ、環境を配慮する時代の潮流やそうした波を活用する政治的・経済的な動きが育まれつつあるなかで、廣瀬というキーパーソンが動きだし、そこに砂川や柿沼をはじめ「地元が好き」で「自転車が好き」という人たちが結び付いたことで、急速に「自転車のまち」づくりに向かう機運が高まってきたのである。そうした動きのなかで、ジャパンカップは、誘客装置やブランディング戦略としての意味を明確に付与されると同時に、広く一般の人たちに開かれたイベントとして磨き上げられはじめ、多くの関係者を巻き込んだまちづくりへと向かう素地が整えられてきた。ジャパンカップは、スポーツインフラとしてもともと存在していたというよりは、「育てられてきている」というのが妥当だろう。
(14)

　えてして大規模な大会が注目されがちだが、この事例から本当に伝えたかったことは、国際大会というファクターだけでまちづくりが飛躍的に進展するわけではないことである。「自転車のまち宇都宮」で目を向けるべきは、プロチームである宇都宮ブリッツェンがスポーツまちづくりを推進させる組織（スポーツインフラ）として活動を展開していることであり、むしろ、それこそが「自転車のまち」の進展にとって重要な要素になっていることである。ブリッツェンは、市当局と連携しながら、市のプランで示された「自転車のまち」へと向かう彩り豊かなメニューを支援し、それと同時に、ブリッツェンの側ではしたたかに収益を確保しながらプロチームとしての持続性を担保してきた。愛好者を育むサイクルイベントにも大きな力を注ぎ、地域貢献のための事業も数多くおこないながら、愛好者や支援者などのネットワークを着実に広げてきている。こうしたブリッツェンや市行政の取り組みによって、宇都宮は「ジャパンカップのまち」から「自転車文化が育まれるまち」へと向かいつつある。

　今後の課題は、「自転車文化」を築くという理念にどのように本気で迫ることができるかという点だろう。「安心して楽しく自転車が乗れるまち」「自転車で生きがいをもてるまち」「自転車で人と人とがつながり、自転車が文化として息づくまち」を実現するには、その価値に共感する人を1人でも多く増やしていくことが求められる。さらには、「安心」「快適」「楽しく」「エコ」「つながる」といった「自転車のまち」が取り組むべき

第3章　地元で盛んなスポーツを生かす！

イシューに関して、成果（アウトカム）をより高めていくような実効性があるプロジェクトの立案と実施という点も、今後の重要な課題となるだろう。「自転車のまち宇都宮」のさらなる進展が期待される。(15)

より深く学びたい人へ

▶野村恭彦監修、エティエンヌ・ウェンガー／リチャード・マクダーモット／ウィリアム・M・スナイダー『コミュニティ・オブ・プラクティス——ナレッジ社会の新たな知識形態の実践』櫻井祐子訳、翔泳社、2002年

　誰がまちづくりの担い手となるのかを考える際には、当該のテーマに強く問題関心をもつ人たちによる「実践コミュニティ」という発想がヒントを与えてくれる。

▶小林勉『スポーツで挑む社会貢献』創文企画、2016年

　社会問題というイシューを明確に意識化し、その解決に対して実効的な取り組みを構想する。そうした発想や具体的手法については、グローバルに展開されている「スポーツによる開発」の最前線の動きから学ぶことが多い。

▶国土交通省「自転車活用推進計画」2018年（国土交通省ウェブサイト「自転車利用環境の整備を促進——自転車活用推進計画を閣議決定」〔http://www.mlit.go.jp/report/press/road01_hh_000987.html〕［2018年7月27日アクセス］）

　自転車というツールを活用したまちづくりが、国の施策として動き始めている。そうした動向を把握することが、今後の取り組みにとっては必須となる。

注

（1）本節で用いたデータは、筆者による継続的な実施調査を通じて収集したものである。なお、筆者は2014年から宇都宮市にある大学に勤務し、研究会や調査、地域貢献事業、学生の課外活動などを通じて、定期的に市行政の担当官や宇都宮ブリッツェンのスタッフと関わりがあり、まったくの部外者ではない点については留意が必要である。

（2）ジャパンカップは、1990年に宇都宮市が誘致した世界選手権自転車競技大会のメモリアルレースとして開催された。この世界選手権のために森林公園の付近の道路がレースができるように整備され、現在もそのコースが基本となってジャパンカップが開催されている。

（3）UCIポイントは、プロ選手の契約条件や、チームの格付け（どのレースに出場できるか）に影響するため、かなり重要視されている。

（4）UCIアジアツアーのワンデーレースでオークラスを得ているのは、ジャパンカップだけである。なお、日本国内では、ツアー・オブ・ジャパンという「ステージレース」（複数の日にわたる大会）が、2013年にオークラスに次ぐ格式であるUCIアジアツアー「1クラス」となり、世界レベルのチームを呼ぶことができる大会になっている。国内にはほかにも、世界トップレベルの選手が出場するレースもあ

るが、「UCI公認レース」ではなく、チーム関係者にとっては興行の色合いが濃いものとみなされている。
(5) このクリテリウムはUCIポイントが付与されるレースではないので、余興的な意味合いが強いものだが、翌日のロードレースに出場するトッププレーサーも出場するため、多くの観客が押し寄せるイベントになっている。
(6) サイクリングの際に休憩をしやすくするために、市内の公共施設やコンビニエンスストアなどに、自転車駐輪ラックや修理工具を設置したスポットである。
(7) 全日本実業団自転車連盟が主催するロードレースシリーズのことで、大企業に支えられる実業団チームと、ブリッツェンのようなプロチームが混在する。
(8) 廣瀬は、選手がフロントやチームの仕事を兼ねることで経費削減につなげるために選手も兼任した。同様に、柿沼も選手とスタッフを兼ねた時期がある。こうした人材による献身は、創設当初の活動の持続性を大きく支えていたと考えられる。
(9) 標高が高い山岳地点に定めた中間ポイントを最初に通過した人に与えられる賞のことである。
(10) Jプロツアーのチームには、エースとして外国人選手が所属することが多いなか、ブリッツェンは日本人だけのメンバーで構成し、特に地元選手の育成を重視している。その理由のひとつは、地元に支えられるチームであるため、地元の選手を育て、その選手に給料を支払うのが重要だと考えるためである。そうした育成を重視するチームであるからこそ、この表彰台の獲得は大きな意味をもつものになった。
(11) 廣瀬氏の提供資料から抜粋。
(12) サイクルイベントの主催・監修・ゲスト参加については、2013年の実績では、那須高原ロングライドやツール・ド・日光、走ってみっぺ南会津など、栃木県を中心に合計14のイベントに関与し、多くの愛好者と触れ合う機会を作り出している。
(13) 自転車教室では企業がスポンサーになっていて、この事業の持続可能性が担保されている。廣瀬によれば、スポンサー料とは一般に企業では広告宣伝費として取り扱われることが多いものだが、「安全」という公益性が認められる観点からアプローチするこの教室については、社会貢献活動（CSR）という名目からも支出してくれることになるという。すなわち、企業にとってみれば、この事業のスポンサーになることは、社会的責任（CSR）という視点から意義づけられるので、広報活動とは別の経費支出の根拠にすることができるのである。
(14) ジャパンカップをきっかけにプロを目指した廣瀬や、アジア最高レベルの国際大会を資源と認識し「自転車のまち宇都宮」の可能性を感じた砂川など、ジャパンカップから影響を受けた人々によって宇都宮市行政が「自転車のまち」の推進へと傾き、宇都宮ブリッツェンが誕生していたことも、ジャパンカップから派生した現象として見逃してはならない。
(15) ブリッツェンの関係者が、宇都宮を拠点とした理由として、自転車施策を重視する「行政」の動向や、経済的集積がある規模の「地方都市」だということなどを考慮していた点には留意が必要である。こうした背景が存在したことを踏まえれば、地域密着プロチームの誕生には、一定の条件が必要だと推察できる。

第4章
トップチームの
エネルギーを生かす！

束原文郎／松橋崇史

スポーツ＝モノづくりを起点としたまちづくり

下町ボブスレーネットワークプロジェクト（東京都大田区の事例）

束原文郎

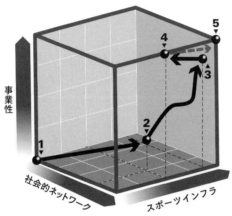

1 ▶ 大田区産業振興センター職員のたった1枚の企画書からスタート。
2 ▶ 社会的ネットワークを広げ、ソリの製作によってスポーツインフラの調達に一部成功。
3 ▶ 事業性とスポーツインフラの相互補完的向上。
※ソリ性能向上→ブランド力向上→支援の輪拡大→オリンピック出場チームとソリ使用契約。
4 ▶ オリンピック直前で別機が使用される。
5 ▶ プロジェクトが再始動！ ネットワークの強化（地域限定の解除）、ソリの性能向上によるスポーツインフラへのアクセス（オリンピック出場）を目指す。

ハイライト

❶下町ボブスレーネットワークプロジェクトの誕生には、大田区の金属加工を中心にした産業集積の弱体化が背景にある。
❷理念の共有を促し、協働のネットワークを広げながら、部品と技術の無償提供によって国産ソリを開発した。また、合同会社を設立し、会計の透明性を高めて維持したり、資金だけではない多様な支援を受け入れたりしながら事業性を確保した。
❸ピョンチャン・オリンピックへの出場を逃したことで、スポーツインフラとしての機能は一時的に後退した。
❹プロジェクトが再始動！ 北京大会での出場を狙うなら、さらに速いソリを開発するだけでなく、最終的に選手を選考してソリ選択の権限を握る競技団体との関係維持に配慮する必要がある。

　東京と神奈川の都県境を作る多摩川が左右に大きく曲がり、東京都が神奈川県（南）側に大きくせり出す六郷土手。川崎の高層ビル群を対岸に望

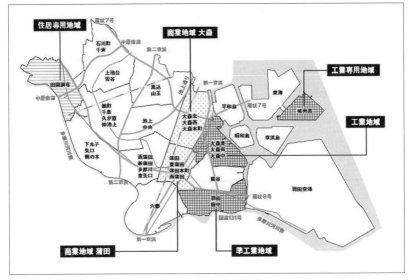

図1　地図
（出典：大田区産業経済部産業振興課／大田区産業振興協会「大田区工業ガイド」大田区産業振興協会、2016年、1ページ）

みながら空を見上げると、東京国際空港（羽田空港）に離発着するジェット機が数分とおかずに轟音を響かせている。多摩川にかかるのは片側3車線以上の国道15号（第1京浜）、JR東海道／京浜東北線と京急線だ。西に第2京浜、奥に新幹線、東に首都高速道路131号（横羽線）も走る。日本経済の大動脈には大量のヒト・モノ・カネが絶えず流れ、ここが日本の心臓だと主張している。

　一方、路地に1ブロック、2ブロックと分け入ると、トタン素材の外壁や屋根をもつ工場が住宅と敷地を奪い合うように並び、金属と金属がぶつかる衝突音、甲高い摩擦音、旋盤の回転音、掘削音などが聞こえてくる。風がオイルのにおいを運んでくることにも気づく。蒲田を舞台とするNHK朝の連続テレビ小説『梅ちゃん先生』（2012年上半期）のシーンが脳裏によみがえってくる。ヒロイン・梅子（堀北真希）の夫・ノブ（松坂桃李）は旋盤工場の2代目社長になって、工場と一体となった住居に集団就職で採用した職人を住まわせながら育成し、初代新幹線に使用されるネジを製造していた。大田区の下町は、伝統的に金属加工を得意とする中小企業の日本屈指の集積地でもあるのだ。

1980年代まで、職人たちは、さばいてもさばいてもとどまるところを知らない大企業からの大型需要に対し、専門特化した各企業が水平的に瞬時に分担する「仲間回し」⁽¹⁾で高品質・短納期を実現しながら日本のモノづくりを支え、経済成長を支えた。

　ボブスレーを作り、オリンピックに出ようという「下町ボブスレーネットワークプロジェクト」(以下、下ボブNPJと略記) は、ここで産声を上げた。本節では、プロジェクト発足から2018年2月に開催されたピョンチャン・オリンピックまでの動向について、スポーツまちづくりの観点から分析する。

1 プロジェクトの概要と社会背景

　下ボブNPJとは、「大田区の小さな町工場が中心となり、世界のトップレベルへ挑戦する日本製のソリを作り、産業のまち大田区のモノづくりの力を世界に発信しようというプロジェクト」⁽²⁾である。「モノづくり」の核としてボブスレーを製作するが、その真の狙いは大田区ネットワークの世界的な技術信用度と開発プロデュース力をPRすること、またそれを通じての、スポーツに関わる欧米市場への参入や環境エネルギー産業、航空機産業からの受注獲得である。その狙いにとって冬季競技のボブスレーは、①道具の重要性が高い、②国産がない（外国製のソリを使用している）、③マイナー競技である（競技者数が少ない＝メジャー競技ほど勝利への道のりが険しくない）などの点で最適なメディアになると期待された。プロジェクト当事者らは、オリンピックでのメダル獲得をその橋頭堡として認識し、選手のトライアウト・育成・支援にまで事業を広げていた⁽³⁾。

　プロジェクト立ち上げの背景には、大田区コミュニティの変容がある。もともと「大田区は、従業者9人以下の企業が約82パーセントを占める"中小零細企業のまち"」で、昼間人口と夜間人口がほとんど変わらない職住一体型の集落的都市だった。しかし、工場数は下請け最盛期の9,177社 (1983年) から3,481社 (2014年) へと半数以下に減少し、脱下請専門加工、独自製品生産企業への転身を余儀なくされてきた⁽⁴⁾。また近年では地価の高騰によって、全企業数の約半数を占める家族経営的小工場が次々と高層マンションへ姿を変えている。そうしたコミュニティの変化に伴い、小規模

表1 年表

年	月	日	内容
2011年	9月		大田区産業振興協会の職員2人がA4用紙2枚のボブスレーの寸法図を持って町工場を訪問し相談
	12月		主要メンバーがそろい、キックオフミーティング
2012年	5月	23日	パシフィコ横浜でプロジェクトの説明会
	6月	15・25日	下町ボブスレー打ち合わせ会議
	9月	18日	部品協力説明会開催
	10月	1日	実質10日間で金属フレーム部品が集まる
		18日	金属フレーム部品公開組み立て
		30日	1号機完成
	11月	1-7日	日本工作機械見本市に初公開
		20-22日	産業交流展「東京2020オリンピックパラリンピック誘致委員会ブース」展示
	12月	23日	全日本選手権で好タイムを出して優勝
2013年	2月	7-9日	おおた工業フェアに出展
		9日	ボブスレー日本連盟と下ボブNPJが共同記者会見をおこなう
		14-18日	ソチでのワールドカップ視察
	3月	6日・7日	史上初！国産ボブスレー国際大会初出場
	4月	26日	2号機開発会議
	5月	21日	全体開発会議
		26日	選手発掘トライアウトを大田区で開催
	6月	5日	下町ボブスレー合同会社設立
		7日	JAPANブランド育成支援事業として採択される
		30日-7月5日	ボブスレー第1回強化合宿を大田区で開催
	7月	8日	下町ボブスレー 2・3号機発注会議
	9月	24日	下町ボブスレープロジェクト方針全体会議〈下町ボブスレー2・3号機製作〉
	10月	8日	ボブスレー日本代表・下町ボブスレー2号機共同記者会見
	11月	26日	ソチ・オリンピック不採用通告
2014年	1月	15-17日	ドイツ元代表パイロットによる下町ボブスレーのテスト滑走・性能検証
	2月	16-17日	ソチ・オリンピックの男子ボブスレー2人乗り応援・視察
	6月	4日	ピョンチャン・オリンピックに向けた方針説明会を開催
	11月	12日	4・5号機製作協力説明会
	12月	12日	4号機完成
		14日	第6回JBLSFチャレンジカップ大会に2号機出場
		23日	2014／2015全日本ボブスレー選手権
2015年	1月	31日	ヨーロッパ検証テスト遠征のための4号機改造
	2月	23-27日	オーストリア・インスブルックで滑走検証
	6月	22-26日	新しい下町ボブスレーを作るための製作会議
	10月	14日	IBSF審査員によるマテリアルチェック
	11月	17日	2度目の不採用通告
	12月	20日	2015／2016全日本ボブスレー選手権大会

第4章 トップチームのエネルギーを生かす！

2016年	1月	13−19日	ジャマイカ代表採用決定
	2月	14日	浅津このみ選手、ヨーロッパで23日間のパイロットスキル向上トレーニング
		26日・27日	ジャマイカチームがノースアメリカンカップで下町ボブスレーを使用
	3月	8−15日	下町ボブスレーメンバーがジャマイカチームに帯同
	5月	18日・19日	ジャマイカ技術ディレクターが来日して、新型ソリ開発会議
	6月	30日−7月7日	ジャマイカを訪問して正式契約
	7月	14日	新型ソリ製作説明会
	10月	5日	ジャマイカ向け新型機完成
	11月	11日	ジャマイカチームが下町ボブスレーでノースアメリカンカップ出場
	12月	23日	4号機全日本選手権出走
2017年	4月	26日	下町ボブスレー、2018年のピョンチャン・オリンピック方針説明会
	6月	13日	ピョンチャン向けボブスレー製作説明会
	10月	5日	羽田空港スカイマーク社で記者会見
		22−28日	ピョンチャンでの国際トレーニングで試走
	11月	5日	ジャマイカ女子チームがNACで銀メダル獲得
	12月		ヨーロッパ輸送会社のストライキで下町ボブスレーのレース地到着が遅れる。ラトビアBTC社製ソリが使用され、記録が大幅に伸びる
2018年	2月		オリンピック直前でジャマイカチームから不採用通知。コーチ解任に伴う再採用に備えるもかなわず。女子2人乗り結果は19位
	8月		プロジェクト再始動！「情熱は訴訟ではなくソリ開発に注ぐ」

（出典：「下町ボブスレーネットワークプロジェクト公式サイト」（http://bobsleigh.jp/history）〔2018年7月27日アクセス〕、細貝淳一／奥田耕士『下町ボブスレーの挑戦──ジャマイカ代表とかなえる夢』〔朝日新聞出版、2017年〕、その他の報道から筆者作成）

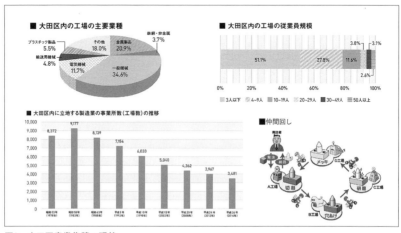

図2　大田区産業集積の現状
（出典：「輝け！大田のまち工場」〔http://www.city.ota.tokyo.jp/sangyo/kogyo/ota_monodukuri/kagayake/〕〔2018年7月27日アクセス〕）

ながらも各専門に特化した技術・技能を有する企業が集積し、自社だけではできない加工依頼に対応してきた下町のネットワークも希薄になってきていた。

2 社会的ネットワークの形成・強化

　下ボブNPJは2011年、大田区経済部産業振興課の外郭団体である大田区産業振興協会（通称PIO）の職員（当時）コスギサトシが「粗い企画書」を携え、クルマのパーツを作りながら商品開発も手がける横田信一郎（ナイトペイジャー社長）を訪ねるところからスタートした。その横田から、07年から4年あまり大田区の若手経営者30人ほどを月に一度集めて技術交流や情報交換をおこなう「若手経営者の会」を主催してきた細貝淳一（マテリアル代表取締役社長）に話が及んだことがネットワーク拡大の契機となった。細貝がそれまで培ってきたつながりを最大限に活用して即座にコアメンバーを構成し、企画を詰めた。図面を起こし、製作説明会を開催して区内企業に協力を求めた。

●もともとあったつながりを超えて協力企業を増やす

　協力企業数は1号機製作時（2012年）に33社、2・3号機製作時（2013年）には60社以上、日本連盟からソチ・オリンピック不採用を受けたあとの5・6号機製作以降（2014—16年）も100社以上、10号機製作（2018年2月時点）では170社以上に広がっていた。[5]

　「150の部品図のほとんどは、名もないような小さなパーツ」[6]であり、極端に言えばネジ1本しか担当できない企業も多くあることになるが、それでも開発会議を重ねるごとに協力企業が増えていった。

　下ボブNPJは、こうした状況を作り出す努力をしてきていた。例えば2014年、日本チームからソチ大会での下町ボブスレー不採用通知が届き、下ボブNPJの執行部の刷新を検討する際、細貝はもともと開催していた「若手経営者の会」の範囲を大きく超えて協力企業を集める必要性を認識し、舟久保利和（昭和製作所代表取締役社長）に委員長を任せた。

　「大田区内の協力企業をもっと増やして1社ずつの負担を軽減する」「協力町工場を増やすためには、これまで下町ボブスレーと距離を置いていた

人たちにも協力してもらわなければならない」(細貝談)

　舟久保は、地元工業団体青年部のリーダーとして若手を束ねていて、細貝がもっていたネットワークとはまた別の、より多くの事業者と連携しやすい形を整えたことになる。もちろん、プロジェクトの雰囲気や実際にメディアに取り上げられる回数が増えたことも協力企業が増えた一因ではあるだろう。しかしここには、下ボブNPJが新たなネットワークを取り込むためにより主体的かつ戦略的に続けた努力も認められるべきである。

　また、ロゴの使用料を無料にして使用者の売り上げの一部を寄付してもらう仕組みを作ったことから、飲食や雑貨、金融、デザイン・展示など、大田区ゆかりのさまざまな事業主体へと協力の輪が拡散した。具体的には、蒲田駅前商店街では、イベントに合わせてボブスレーの展示と試乗会が頻繁に開催され、周辺の飲食店はボブスレー寿司、ボブスレーパン、下町ボブスレーサワーなど、初号機のボディーカラー（黒）をイメージさせる商品を提供して盛り上げた。大田区出身のフラワーアーティスト川崎景太は、下町ボブスレーをメインにあしらった作品を個展で発表して話題になった。こうして、下ボブNPJは大田区という地域からの支援を構築していったのである。

3 │ 製作したボブスレーをスポーツインフラとして機能させる取り組み

　スポーツインフラという軸には、高性能のソリの製作と競技会への参加という2側面がある。ソリができても、フェラーリ（イタリア）、マクラーレン（イギリス）、BMW（ドイツ、アメリカ）、現代（韓国）[7]といった一流メーカーが作ったソリと争い、優越性を示さなければプロジェクトの成功とは言えない。特にモノづくりの力を世界に示して航空機産業その他の大型受注を得ることを真の目的とする下ボブNPJにとって、十二分なメディア露出が期待される冬季オリンピックで好成績を収めることが直接的にその機能を果たしうる。高性能のソリができても、選手に乗ってもらわなければ大会に出場できない、大会に出場できても結果を残せなければ意味がない。下ボブNPJは、この2つの要素をどのように調達しようとしたのか。

●速いソリを作る

　まずは本丸であるソリ製作である。2011年冬から始まったプロジェクトは、構想やテストに約1年をかけながら具現化され、12年の秋には1号機を作り上げた。4度のオリンピック出場経験を有するパイロットの脇田寿雄にアドバイスを求めながら、構造テスト、風洞実験を経て図面が起こされた。9月中旬の開発説明会で図面を持ち帰った参加協力企業33社が納期10日で150あまりのパーツをそろえ、フレーム部分の公開組み立て会（10月中旬）でそれらが一発で組み上がった。直後の11月初旬に東京ビッグサイトで開催された「第26回日本国際工作機見本市（JIMTOF 2012）」での展示と合わせ、まさに、大田区下町の産業集積の力、水平的協業（仲間回し）による「多品種」「小ロット生産」「短納期」をアピールする機会にもなった。初号機は実際に12年末の日本選手権女子で好タイムを出して優勝した。13年2月から日本ボブスレー・リュージュ・スケルトン連盟（以下、JBLSFと略記）と包括連携協定を締結し、下ボブNPJの狙いどおりの展開が期待された。

　下ボブNPJは、2号機、3号機……と改良を重ねながら、日本人選手に合わせた速いソリを開発しようとした。速いソリを作るには、実際に乗って競技する選手からのフィードバックが欠かせない。だが、日本にはそもそもボブスレー選手が少なく、ソリの構造や操作性について工学的な知識を踏まえながら論理的にフィードバックできる選手はさらに限られている。そこで下ボブNPJは、ボブスレー競技の先進地域である欧米の情報にアク

写真1　ボブスレーを製作する様子
（出典：前掲「下町ボブスレーネットワークプロジェクト公式サイト」[2018年7月27日アクセス]）

写真2　2017年の製作会議（説明会）の様子
（出典：同ウェブサイト）

セスすることと、日本人選手の発掘／強化に主体的に乗り出すことによって状況を打開しようとした。

●先進地域に学ぶ

　まず、本場である欧米に足繁く通い、また専門家と交流してパイプを作り、情報を得る努力をした。例えば細貝は2013年、プロジェクトメンバーと冬季オリンピックのテストとしてソチで開催された世界選手権を視察し、「怪しまれないように笑顔で他国のボブスレーを触りまくった」という。欧米のトップ選手の乗るソリは、当時あった初号機に比べて「小さく、しなやか」だった。ボブスレーの競技特性上、助走区間での加速を最大にするためにソリのボディは短いほうが有利であること、(8)カーブで振動を抑えて摩擦を減らすにはボディをたわませてランナー（ソリの刃）が氷との接点をより長く保つようにすべきこと、などを学んだという。下町ボブスレーも含めて、外国製の中古を使っていた当時の日本チームのソリが大きな「アメ車」に見えてきた、などと振り返った。

　以来、プロジェクトメンバーが「ハルトルさん」と愛称で呼ぶドイツ代表の元パイロット、レオンハルド・ザングトヨハンサーを試乗のために長野に招聘したのを皮切りに（2014年1月）、国際ボブスレー連盟のレギュレーション審査資格をもつ元ルーマニア代表ドラゴス氏によるマテリアルチェックを受けたり（2015年10月）、元アメリカ女子代表でW杯年間3位の実績をもつジャズミン・フェンレイターを含むジャマイカ代表選手団から要望を聞いたり（2016年1月以降）、元アメリカ代表選手でロシアやオランダ、アメリカの技術担当ヘッドコーチを歴任し、BMWのソリ開発に関わった経験もあるジャマイカ連盟の技術ディレクター、トッド・ヘイズに開発会議に加わってもらうなど（2016年5月）、トップレベルの選手・元選手とのコミュニケーションを増やしていった。欧米のトップ選手は、ソリを自分で分解し修正して組み立てられるほど構造に精通している。以上のとおり下ボブNPJは、上質のフィードバックを得る努力を積み重ねながら、下町の町工場の技術をソリの性能に結晶させていった。

●選手を発掘／育成する

　次に、日本人選手の発掘と強化である。高い潜在能力をもった選手を選抜できないことにはJBLSFとしても頭を悩ませていた。オリンピックでの

活躍という目標と選手確保という困難を共有した下ボブNPJとJBLSFは包括協定に基づく事業として、東京都ボブスレー連盟の設立や大田区での日本代表選考会（2013年5月）、強化合宿（同年6月）など、選手の選抜や強化に着手していった。その様子を大手メディアが取り上げたことで、ボブスレーというマイナー競技の知名度とともに下ボブNPJの認知度も相乗的に上がっていった。また、下ボブNPJの趣旨にいち早く理解を示し、実走テストに協力したり、日本選手権など大会で下町ボブスレーを使用したりした女子選手2人、パイロットの浅津このみ、ブレイカーの川崎奈都美を下町ボブスレー合同会社（2013年6月設立）で雇用した。後述のとおり、下町ボブスレー合同会社は主に事業に関わる資金の管理を目的にしたものだが、2人の所属先としても機能した。日本代表候補である彼女らに安定したトレーニング環境を提供し、日本代表となる可能性を高め、下町ボブスレーもオリンピックに出場できる可能性を高めようとしたのである。

● 3度にわたる挫折、それでも競技団体との関係を保つ

しかしながら、オリンピックに出場することは選手同様、容易なことではなかった。JBLSFからはソチ大会に向けては2013年11月、ピョンチャン大会に向けては15年の11月に下町ボブスレー不採用通知が届き、その後ピョンチャン大会での使用契約を交わしたジャマイカボブスレースケルトン連盟からも、出場直前となる18年1月に不採用を突き付けられた。これらは下ボブNPJメンバーを大いに落胆させ、プロジェクト存続の危機となった。特にジャマイカ連盟による不採用に対しては下ボブNPJが契約不履行につき違約金請求も辞さない旨を公式ウェブサイトを通じて表明するなど、両者の溝が深まり、事態は深刻化するかに思われた。

ところが、興味深いことに、その最悪の事態は、細貝らのジャマイカチーム応援ツアーの断行によって回避された。下ボブNPJは、2017年7月の時点からピョンチャンへの下町ボブスレー応援ツアーを募集していた。スカイマークのボーイング737-800に下町ボブスレーラッピングを施し、10月には「大田区から世界へ」のコピーとともに新型機を格納するシーンをメディアとスポンサーに公開し、大々的なお披露目会見をおこなった。6年の歳月を費やして挫折を乗り越えてやっとの思いで目前にまでたどり着いたオリンピック。ジャマイカ選手の要望にもすべて応えて改良に取り組んできた下ボブNPJの落胆は計り知れないが、それでも応援ツアーを出し

たわけだ。そして、最後はラトビアBTC社製のソリで出場し、19位と振るわなかったジャズミン・フェンレイター選手とジャマイカ連盟の役員と一緒に一枚の写真に収まった。直後に放送されたテレビドキュメンタリー番組のなかで細貝はその理由にふれ、「これからも多くの国のチームに下町ボブスレーに乗ってもらうこと」、そのための努力を続けるという決意をにじませた。(10)

モノづくりの力を示すとして速いソリを製作するだけでなく、代表選考会を大田区で開催したり、女子ボブスレー選手を雇用してトレーナーをつけたりするなど、選手の発掘・育成・支援まで手がけるようになったのは、冬季オリンピックへの出場でしか下ボブNPJの真の狙いを実現できないからである。ソチとピョンチャンの前に2度にわたる不採用通知を受けてもJBLSFとの協力関係を維持すること、2016年以降、ピョンチャン・オリンピックでの使用を前提に信頼関係を育んできたジャマイカチームが直前にラトビアBTC社製ソリの使用を決めても(11)、ジャマイカ応援ツアーを中止しないこと、日本選手を雇用し続けることなどは、どのような状況でもオリンピックへの出場可能性を高める、つまり、製作したボブスレーを「スポーツインフラ」として機能させる、という観点からすると、すべて合理的な努力なのである。

4｜事業性の確保

●パーツの製作は無償

本事例の特徴のひとつは、ソリ製作そのものにはコストを発生させなかったことである。ソリ製作は設計から組み上がりまで数十の工程、200弱の部品からなるが、金属加工を得意とする町工場では調達できないカーボン繊維強化プラスチック＝CFRP製のボディーなど一部の部品を除いて材料費と加工費のすべてを協力企業による無償提供でまかなった。なぜなら、「無償だからこそ、もてる最高の技術を投入してくれる」、「部品1点を1,000円で作ってほしいと頼むと、1,000円のクオリティーに限定されてしま」う、「それをあえてはずすことで、価格の価値に縛られない製品が大田区ではできる」（細貝）からだ。

● **下町ボブスレー合同会社の設立**

　しかし、ソリの製作を無償にしたからといって、ソリの輸送や現地でメンテナンスをおこなうメカニックなど人員の派遣と遠征費には年間3,000万円以上の経費がかかってくる。日本人選手の雇用・トレーニング費用もある。ジャマイカチームとの連携が決まってからは、関係者のジャマイカへの往復やメカニックの派遣などが増え、支出も数千万円規模に膨らんでいる。

　こうした支出に耐え、事業性を確保するために、下ボブNPJは2013年6月に下町ボブスレー合同会社を設立して寄付金や協賛金の受け入れ窓口を整えた。単年度の事業費にも満たないものの、寄付金は18年3月7日現在で合計330件、総額3,024万4,411円にのぼり、経済産業省の補助金も13—16年の3年間で年数百万程度得た。そのほか不足分の事業費は基本的にはスポンサーからの協賛金で賄う。多くは細貝の人脈と努力で獲得されたというが、18年2月現在の公式スポンサーは21社、うち技術や部品提供などのスポンサーを除いた資金提供スポンサーは17社にまでなった。地元のさわやか信用金庫は金融商品「下町ボブスレー応援定期預金」を開発して集めた資金をまとめて運用し、運用益を下ボブNPJに寄付した。合同会社の設立は会計の透明性を高めて維持する機能があり、企業の協力やスポンサーからの支援を受けやすくしたものと推察される。

● **どんな支援でも受け入れる**

　また、下ボブNPJは支援のあり方を資金の提供に限定しなかった。例えばアパレルメーカーのデサントには極寒のボブスレー競技場で着るそろいのダウンジャケット、精密測定機器のミツトヨにはランナーの平行度を確認するための専用装置の提供を受けた。ヨーロッパへのソリの輸送にはコンテナと数十万円から150万円程度の輸送費に加えて複雑な通関手続きを要するが、公式スポンサーの全日空には選手やメカニックの渡航チケットの提供、日通には輸送機材の手配や事務手続きを代行してもらうなどした。

　そのほか、クラウドファンディング、Tシャツやピンバッジ、チョロQの販売など、広報と資金集めが同時に可能になるような施策を次々と打った。

5 情報発信と波及効果

●SNS、マスメディアの巻き込み

　下ボブNPJがここまで成長し継続してきた大きな要因として、SNS（ソーシャルネットワーキングサービス）をメインとした当事者による臨場感あふれる情報発信があげられるだろう。下ボブNPJはプロジェクト始動当初からSNSを利用し、情報を拡散し続けてきた。はじめのうちは「Twitter」や「Facebook」が主だったが、公式ウェブサイトを作り、イベントでの様子やプレスリリース、公式見解などを、写真や動画を交えて随時発信するようになった。当事者による情報発信は、その即時性自体に価値があるだけでなく、発信主体によって表現ややりとりに個性が出ることでまた価値が上がる。平たく言えば、投稿しているメンバーの人柄や場の雰囲気がにじみ出ていて、それが受け手にとっては別の楽しみ、その場に居合わせたような温かい感覚を与えてくれるのだ。ある時期を過ぎると、大手メディアだけでなくさまざまな分野のライターやマンガ家までがこぞって取材し、報道だけでなくドキュメンタリーやドラマ、書籍、マンガに仕立てるようになるのは、そうした楽しみが取材する側にももたらされるからかもしれない。PIOの職員として下ボブNPJの広報を担当した奥田耕士は、細貝との共著のなかでこう振り返る。

　　このプロジェクトは、メディアに育てていただいたと思っている。たくさんの記事や番組は、町工場のみなさんを励まし、厳しい場面でも自信を失わずプロジェクトを継続することができた。（略）たくさん

図3　公式ウェブサイトのバナー
（出典：前掲「下町ボブスレーネットワークプロジェクト公式サイト」［2018年7月27日アクセス］）

の報道がなければスポンサーを集めることもできなかっただろう。そして何より、記者のみなさんが中立公正な立場で不採用を報道する一方で、プロジェクトメンバーの一員であるかのように一緒に笑い、時には涙を流してくださったことが嬉しかった。⁽¹³⁾

● 成果と波及効果

　それでは、下ボブNPJは何を生み出したのか。ひとつは、国内での商談でボブスレーに話題が及ぶと「知ってますよ！　そうですか、あの下町ボブスレーのメンバーですか！　がんばってください！」と商談がまとまりやすくなった、というのは多くの関係者が語るところだ⁽¹⁴⁾。だが、それにとどまらない。例えば製作の工程管理を担当した副委員長の西村修（エース代表取締役社長）は、自社の魅力を再確認し再構築する機会になったと語る。

　30歳までサラリーマンを続け、父親の退職とともに会社を譲り受けて社長に就任した西村は当初、リーマンショックのあおりを受けた市場の冷え込みに苦悩していた。会社を守り、従業員と従業員の家族を守ろうと孤軍奮闘する毎日のなかで、下町ボブスレーに関わることになる。「そこで同業の、同世代の社長といろいろ話しながら試行錯誤して、自分の会社が何をするべきなのか、どの方向に舵を切ればいいのか、わかるようになった」という。下請けだけでは細る一方の市場で、いままでどおり大手からの受注を待っていたら会社が成り立たない。クライアントの隠れたニーズを知るために自ら出向き、製品の提案から設計、製作までを総合的にプロデュースするスタイルを、ボブスレーの製作工程を管理するなかで身につけたのだ。「もう迷わない、大丈夫」という言葉には自信がみなぎっていた。⁽¹⁵⁾

　細貝も、「大田区の町工場同士の新たなネットワークも構築できた。高度成長期に町工場の先輩方は、醬油を貸し借りするように工具を融通し合い、加工ノウハウを提供し合っていた。そんな関係が薄れた現代に、町工場同士の横の連携で「完成品」を作る新たなネットワークを形成することができた」と胸を張る。下ボブNPJに密着して最初のルポを書いた奥山らは、プロジェクト協力企業の従業員は幸福度が高くなる、と報告している。⁽¹⁶⁾

　プロジェクトの目標である、国外の航空機産業やエネルギー産業などか

ら受注を獲得できているわけではなく、オリンピック出場もかなわなかったが、下ボブNPJの成果はまさに、自分たちでさえ気づいていなかった、数字では表すことができない町工場の力を再認識し、時代に合ったように更新する機会がもたらされたことにあるのかもしれない。

6 まとめにかえて

　ピョンチャン・オリンピックでのジャマイカチームによる不採用を受け、ネット上ではプロジェクトに対する批判的な議論が巻き起こったが、そのような広範な反応を引き出すことができている事実が、下ボブNPJが町工場への関心の喚起に成功したことを雄弁に物語っている。そもそも取材をした我々自身が下町ボブスレーを通じて大田区に高度成長を支えた町工場の集積があることを知り、その町工場が産業構造／人口動態の変化、グローバリゼーションのなかで苦境に立たされている現実にふれ、その苦境のなかでも懸命に、真摯に、前向きに取り組み続けることによって得る光を感じた。

　こうした情報発信が、ほかの町工場によるスポーツ用品製作のプロジェクトの旗揚げにつながっている。下ボブNPJからスピンアウトした車いすバスケットボール用車いす製作プロジェクト、江戸川区の町工場4社による純国産のアーチェリー弓具開発プロジェクト、金属加工の浜野製作所(東京都墨田区)と車両試作開発のテックラボ(同多摩市)に東洋大学の望月修教授らが加わった国産カヌー水走(MITSUHA)開発コンソーシアムによる純国産のカヌー開発プロジェクトがそれである。そのほか、中小企業連携による産業活性化、それを通じたまちづくりや地域振興を目指す主体が次々と現れている。下町ロケット、海底探索機「江戸っ子1号」、全日本製造業コマ大戦など、町工場プロジェクトはすでに多いが、スポーツの祭典であるオリンピック・パラリンピックへのアクセスを要素としてかませる特異性や有効性——もちろんそこに潜むリスクも含めて——を提示し、スポーツ関連プロジェクトの勃興を促したこと、これも下ボブNPJの意図せざる成果と言えるだろう。北京の舞台で疾走する「下町ボブスレー」を現地で応援したい。

より深く学びたい人へ

▶前田啓一／町田光弘／井田憲計編『大都市型産業集積と生産ネットワーク』(SEKAISHISO SEMINAR)、世界思想社、2012年
　グローバルな競争環境の変化を踏まえ、地域の産業集積を世界市場とどう結び付けるか。東大阪の事例など、大都市型、あるいは大都市の「下町」的産業集積については多くを学べる。

▶伊東維年／柳井雅也編著『産業集積の変貌と地域政策——グローカル時代の地域産業研究』(MINERVA現代経済学叢書)、ミネルヴァ書房、2012年
　地域政策と産業集積の関係の動向を学ぶことができる。

▶細貝淳一／奥田耕士『下町ボブスレーの挑戦——ジャマイカ代表とかなえる夢』朝日新聞出版、2017年
　下ボブNPJそのものについて知るには、当事者らによってピョンチャン・オリンピック直前に出版されたこちらが参考になる。

注

(1) 大田区産業経済部産業振興課／大田区産業振興協会『大田区工業ガイド日本語版』大田区産業振興協会、2016年。大田区産業振興課の公式ウェブサイト(〔http://www.city.ota.tokyo.jp/sangyo/kogyo/ota_monodukuri/kagayake/monozukurimachi/fri_tur.html〕[2018年3月13日アクセス])によれば、「ちゃりんこネットワーク」とも。
(2) 公式ウェブサイト「下町ボブスレーネットワークプロジェクト公式サイト」(http://bobsleigh.jp/)[2018年2月16日アクセス]
(3) 「下町ボブスレー、代表トライアウトに最多45人」「YOMIURI ONLINE」2013年5月27日(月)10時1分配信(http://www.yomiuri.co.jp/sports/news/20130527-OYT1T00230.htm)[2013年5月27日アクセス]
(4) 前掲『大田区工業ガイド日本語版』
(5) 前掲「下町ボブスレーネットワークプロジェクト公式サイト」。スポンサーの名前とロゴを掲出し、協力企業はリンク付きの企業名に加え、地図上にプロットした。
(6) 細貝淳一／奥田耕士『下町ボブスレーの挑戦——ジャマイカ代表とかなえる夢』朝日新聞出版、2017年、265ページ
(7) 韓国は母国開催に合わせ、同国を代表する財閥であり、自動車メーカーの現代(ヒュンダイ)社製のソリの使用を検討していたが、最終的にはラトビアBTC社製のソリで出場した。ドイツにもラトビアBTC社製を使用したチームがある。
(8) ボブスレーは、ソリの先端がスタートラインを切った瞬間からゴールラインを切った瞬間までのタイムを争う競技であるため、ソリが短くなればなるほどソリの先端がスタートラインを切る瞬間を遅くでき、最も加速した状態でスタートできるようになる。
(9) 「ジャマイカ連盟との交渉について」「下町ボブスレーネットワークプロジェクト公式サイト」2018年2月7日(http://bobsleigh.jp/180207-2)[2018年7月27日アクセス]

(10) 「下町ボブスレーの"真実"」『ガイアの夜明け』テレビ東京系、2018年2月27日放送（http://www.tv-tokyo.co.jp/gaia/backnumber4/preview_20180227.html）〔2018年7月27日アクセス〕

(11) 中尾真二「平昌五輪、下町ボブスレー土壇場で不採用の真相」「ダイヤモンド・オンライン」2018年2月18日配信（http://diamond.jp/articles/-/159946）〔2018年2月18日アクセス〕

(12) ゼロ金利政策の下では預金金利から寄付を引くと利息がなくなってしまうため。

(13) 前掲『下町ボブスレーの挑戦』282ページ

(14) 同書50ページ

(15) 2017年12月21日、西村修氏へのインタビューから。

(16) 奥山睦／保井俊之／坂倉杏介／前野隆司「水平ネットワーク型連携による構成員の幸福度向上と地域産業活性化――大田区における下町ボブスレーネットワークプロジェクトの事例から」、地域活性学会編「地域活性研究」第8巻、地域活性学会、2017年、38―47ページ

(17) 例えば、po_jama_people「下町ボブスレーという安倍晋三案件について」（「雑記（主に政治や時事について）」2018年2月11日配信〔http://www.po-jama-people.info/entry/2018/02/11/120732〕〔2018年7月27日アクセス〕）や、wolfbash「下町ボブスレーの失敗から見る日本のモノづくり凋落」（「強まっていこう」2018年2月11日配信〔http://wolfbash.hateblo.jp/entry/2018/02/11/044128〕〔2018年7月27日アクセス〕）、同「下町ボブスレー 大トラブルプロジェクトの中心人物 細貝淳一とは?」（同ウェブサイト2018年2月18日配信〔http://wolfbash.hateblo.jp/entry/2018/02/18/034151〕〔2018年7月27日アクセス〕）、Bunga Snail「下町ボブスレーの失敗を大田区製造業の失敗って一括りにしてほしくない件」（「Not Quick a Nine」2018年2月12日配信〔http://notquicka9.hatenablog.com/entry/shitamachi-bobsleigh〕〔2018年7月27日アクセス〕）など。

(18) 松村信仁「きっかけは「下町ボブスレー」 日本の町工場、東京五輪で"雪辱"へ」「ITmedia NEWS」2018年2月26日配信（http://www.itmedia.co.jp/news/articles/1802/26/news058.html）〔2018年7月27日アクセス〕

〔謝辞〕紙幅の都合で本文でふれられませんでしたが、取材に当たっては関栄一様、佐藤武志様、須藤祐子様、大野和明様、柏良光様、鈴木信幸様、國廣愛彦様をはじめ、多数のプロジェクトメンバーと関係のみなさまにご協力いただきました。記して厚くお礼を申し上げます。

2 スタジアムを核とした
プロ野球球団と地方自治体の
パートナーシップ

北海道北広島市／福岡県筑後市の事例

松橋崇史

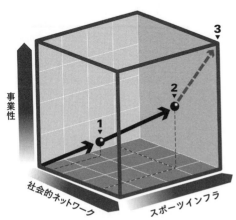

スポーツビジネスにおけるスタジアムビジネスが占める重要性が高まる。スタジアムや土地を提供する地方自治体の役割が高まる。

1 ▶ 地方自治体がプロチームとパートナーシップを組んで、スタジアムを誘致することは、スポーツまちづくりを起動／促進。

2 ▶ スタジアムを起点にプロチームがまちづくりに関与すれば、まちを活気づけるネットワークが形成される。

3 ▶ 将来イメージ：多種多様なネットワークを広げ、スポーツまちづくりを加速させることがプロチームの事業性を高める。

ハイライト

- プロスポーツビジネスにおいてスタジアムビジネスの重要性が高まり、スタジアムや土地を提供する地方自治体の役割が大きくなる。
- 地域活性化や地方創生では、人気プロスポーツチームは各自治体にとってキラーコンテンツになる。地方自治体がプロスポーツチームとパートナーシップを組みスタジアムを誘致することは、スポーツまちづくりを加速させる。
- スタジアムを管理経営するプロスポーツチームがまちづくりへの関与を重視すれば、スタジアムというインフラをテコにまちを活気づけるネットワークの形成を促し、スポーツまちづくりやその中核を担うプロスポーツチームの事業性を高める。

　本節では、プロ野球球団と地方自治体が新たに結んだパートナーシップの2ケースについて取り扱う。事例は、福岡ソフトバンクホークスとその

二軍施設建設の場所となった福岡県筑後市のケース。もうひとつが、北海道日本ハムファイターズと本拠地建設の予定地となった北海道北広島市のケースである。筑後市のケースは建物が竣工して3年が経過する。一方、日本ハムファイターズが北広島市に建設する本拠地は、2023年に完成予定である。しかし、建設予定地に決まったことでまちは動きだし、まちづくりに向けた変化が始まっている。

1 プロ野球とスタジアムビジネス

　両ケースを取り上げる前に、近年のプロスポーツビジネスとスタジアムビジネスの接点を、プロ野球に絞って説明したい。プロスポーツビジネスを革新するスタジアムビジネスが日本に導入されてから10年程度が経過している。導入の契機は、プロ野球に所属していた近鉄バッファローズの消滅から始まった一連のプロ野球問題である。

　近鉄バッファローズの親会社である近畿日本鉄道(近鉄)は、バッファローズが毎年計上する40億円にも上る赤字を期末に補塡していた。近鉄本体が1兆3,000億円の有利子負債(2003年3月期)を抱えてリストラを断行しているなかで、毎年数十億円もの赤字を計上するバッファローズも手放さざるをえなくなり、オリックスブルーウェーブに吸収合併されることになったのである。

　この過程で、プロ野球球界からは、赤字体質だったり経営が不安定だったりする球団を減らすことを目的に、12球団体制を8球団から10球団に減らして1リーグ制に移行することなどが提案されたが、最終的には、近鉄バッファローズの抜けた穴をどの企業が埋めるのかという楽天とライブドアのプロ野球参入競争に推移し、東北楽天ゴールデンイーグルスの誕生によって着地した。

　スタジアムビジネスの観点から重要なことは、近鉄バッファローズに代わって参入した東北楽天ゴールデンイーグルスが成績不振ながらも初年度に営業黒字を出したことだった。

　営業黒字を出した理由として真っ先に指摘されたのが、球団としてのスタジアムビジネスの権利をどこまで自分でもっているのか、という点だった。近鉄バッファローズは、毎年10億円程度の年間使用料をホームスタ

ジアムである大阪ドームに支払っていた。球団はスタジアムを借用しているため球場内の広告看板や飲食代から得られる収入にも制約を受けた。それに対して、楽天イーグルスの本拠地である宮城県営球場（現・楽天生命パーク宮城）は、年間の使用料が格安の6,900万円、球団による改修も認められた（改修後は宮城県に寄付）。スタジアムビジネス上の売り上げ（入場料、グッズや飲食の販売料、広告看板などからのスポンサー料）の多くも球団の売り上げになった。近鉄バッファローズの代わりに新球団が設立されるにあたって宮城県は球団誘致のためにさまざまな策を展開したが、スタジアムビジネスの好条件もその過程で整備されていったものだ。

　さらにもうひとつ、球界再編を契機とする重要な動きがあった。広島市による広島市民球場の建て替えである。広島カープは12球団で唯一親会社（例えば、読売ジャイアンツにとっての読売新聞グループ本社）をもたないため、球団経営の安定化は難しいと言われてきた。ここで旧広島市民球場の施設老朽化やビジネス展開の限界性から、カープ支援策として広島市は広島市民球場を再建した。この球場再建後、カープは新設球場の指定管理者になる。スタジアム完成の翌年にはカープの売り上げが60億円弱（2006年）から約110億円とほぼ2倍になった。新球場に多くの観客が集まり、球場内での消費も高まった。カープ女子などのブームも生まれ、グッズ販売が50億円を超えるようになり、2017年の売り上げは旧球場時代の約3倍（約180億円）に達している。

　2004年の球界再編が、スタジアムビジネスの新しい状況を生み出したわけだ。

　スポーツまちづくりの視点から両事例を見れば、その鍵は、プロ野球ビジネスの外にいたと思われていた地方自治体がメインプレイヤーになってプロ野球ビジネスを支援したことにある。球団を誘致したり球団経営を支援したりすることがスポーツまちづくりを生んで都市の活性化につながるという実感が、両自治体の決定を後押ししたのである。

　2000年代に生まれたプロ野球球団と地方自治体のパートナーシップ、特に自治体側の積極的な動きが、本節で紹介する福岡ソフトバンクホークスと福岡県筑後市、北海道日本ハムファイターズと北海道北広島市のパートナーシップにつながっていく。

第4章　トップチームのエネルギーを生かす！

2 HAWKSベースボールパーク筑後
福岡ソフトバンクホークスと筑後市のパートナーシップ

　福岡県筑後市（人口は約4万9,000人）は県の南部に位置する。ここに、2016年、福岡ソフトバンクホークスの2軍施設が完成した。

　ホークスと筑後市のパートナーシップは2013年夏に、ホークスが2軍施設移転を前提に、用地募集をおこなったところから始まった。当時、ホークスは福岡市の雁ノ巣レクレーション野球場を2軍施設に利用していたが、施設の老朽化が進んでいた。

　ホークスが提示した募集条件は、①4ヘクタールから6ヘクタールで分割されていない土地であること、②20年以上継続的に利用できる土地を貸借契約できること、③契約主体が自治体であること、などだった。これに対して5県34市町が立候補した。

　筑後市の動きは早く、ホークスの記者会見から1週間程度で筑後市長が記者会見をおこない、誘致の立候補を表明した。ホークスのスポンサーでもあるタマホーム所有地と農地、自治体所有の土地を合わせて土地を用意できること、該当地に隣接してローカル線と九州新幹線の両方の駅がある

写真1　HAWKSベースボールパーク筑後全体（筑後市提供）

利便性をアピールしていった。2013年8月から9月にかけて筑後市内の各行政区で署名活動をおこない、7万6,084人分の署名を集めた。市議会も、19人全員がホークスのユニフォームを着用して議会に臨むなど、本拠地誘致の活動を推進した。

　一次審査を経て4市に絞り込まれたあと、筑後市周辺の筑後七国（7自治体）にも誘致活動の輪を広げ、2014年初旬の二次審査を経て、筑後市はファーム本拠地立地に関する基本協定の提携をホークスと結んだ。

　HAWKSベースボールパーク筑後の建設決定を経て、筑後市とホークスはさらに一歩踏み込んだパートナーシップを結ぶ。「筑後市と福岡ソフトバンクホークスとの地域包括連携協定締結」である。地域包括連携協定には、主な連携事業項目が示され、2017年以降の活動もおおむねそれに沿って展開されていった。このなかには、ファーム本拠地名称の一部に「筑後」を付けることについても盛り込まれた。地元創業のタマホームのネーミングライツによって、メイン球場は、タマホームスタジアム筑後（タマスタ筑後）と呼ばれ、選手も「筑後で調整する」というように、2軍施設を「筑後」の愛称で呼ぶようになった。誘致決定以降、筑後市は、土地の購入、ファーム誘致に関わる費用計14億6,000万円を計上し、施設竣工後の3年間の固定資産税の減免をおこなって、連携事業に関する費用も1,500万円程度を計上していくことになった。

3　HAWKSベースボールパーク筑後建設の成果と課題

　ホークスはHAWKSベースボールパーク筑後を若手育成の拠点施設として建設したが、同時に、ホークスにとって初めて有する支所でもあり、建設経緯と地域活性化の文脈のなかで、地域への貢献を必然的に求められる状況が生まれた。スタジアムに来場したファンへのサービスに加えて、地域に対してどのように貢献をおこなうのかについては、活動を通じてその成果を見極めていく必要がある。

　筑後市への波及効果について、HAWKSベースボールパーク筑後の開設と運用が筑後市に与えている影響は大きい。筑後市はホークスがくるまでは、市内の恋木神社にちなんで「恋の国」をキャッチフレーズにしていた。南北に久留米市と大牟田市という中核市が立地し、東にお茶で有名な

八女市、西に運河巡りで有名な柳川市が立地する。それらの間にあるのが筑後市と消極的に表現していた。そのような状況から、ホークスの若手育成（若鷹育成）の街となり、ファーム戦ではあるが、プロ野球の試合が多くおこなわれるようになって、スター選手が調整のために筑後を訪れるようになった。調査に対応した職員が「街の誇りを生むための仕事」だと語ったことが象徴するように、ゼロから1を生み出すことに筑後市は成功した。

　ホークスと筑後市のパートナーシップをさらに発展させるためには、HAWKSベースボールパーク筑後の内外の活動／事業によって多くのステークホルダーを巻き込んでいくことが必要だろう。筑後市やHAWKSベースボールパーク筑後に隣接するみやま市は、域内外の人たちの集いの場としてHAWKSベースボールパーク筑後周辺地域の開発を検討している。球団と自治体の双方に、HAWKSベースボールパーク筑後をより多くの人たちの交流拠点にしていく施策が求められている。

4｜北海道日本ハムファイターズの新球場建設と北海道北広島市とのパートナーシップ

　日本ハムファイターズ（以下、ファイターズと略記）と北広島市とのパートナーシップは、北広島市側からのはたらきかけがきっかけだった。北広島市は、のちにファイターズの新球場の建設予定地になる総合運動公園の利活用問題を抱えていた。国の補助を得て、2015年10月に「官民連携による総合運動公園整備の検討調査」を開始した。その過程で、プロ野球の試合もできる野球場建設の可能性を探るためにファイターズと意見を交換した。ファイターズは、国内外のプロ球団が本拠地を有して本拠地でのビジネスを売り上げとチーム強化に結び付けているさまを横目に、札幌ドームでのビジネスに限界を感じていた。そんな折に、札幌市に隣接する北広島市が駅からも近い（線路に隣接する）広大な土地の利活用問題をファイターズに持ち込んできたのだ。

　2016年5月にファイターズの新球場構想が報道されたことを契機に、北広島市長は新球場誘致について行政報告をおこない、ファイターズ球団事務所を訪問して誘致活動をしていく旨の申し入れをおこなった。ファイターズは20ヘクタール程度の土地を探していた。20ヘクタールとはHAWKS

ベースボールパーク筑後の約2.5倍の規模である。球場以外の付帯施設を含めた開発を念頭に置いた土地とパートナーとなる土地所有者を探していたことになる。

　ファイターズはホークスが採用したようなコンペ形式をとらなかった。つまり、条件を提示して好条件を回答してきた主体とパートナー関係を結ぶ、という方法をとらなかった。建設地をめぐっては、メディアが「札幌市」対「北広島市」の構図を作って報じたが、ファイターズ側は建設地を選ぶにあたって比べるという作業はあっても、同じ評価軸で北広島市と札幌市の複数の候補地を比較したわけではなかったという。

5　誘致活動と建設決定の影響

　北広島市長の行政報告や球団事務所への申し入れ以降、北広島市とファイターズの調整は加速し、仮に北広島市を建設予定地に選ぶ場合にどのようなパートナーシップを結ぶのか検討を進めていった。北広島市は必要以上の支援はできないことを前提にパートナーシップを考え、ファイターズは球団に依存しないまちづくりを前提にするよう北広島市に要求していっ

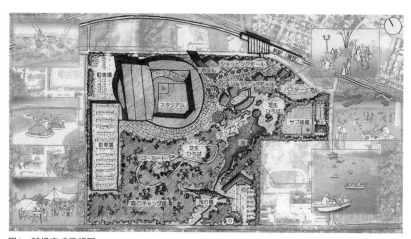

図1　球場完成予想図
（出典：「ボールパーク特設サイト」〔http://www.city.kitahiroshima.hokkaido.jp/ballpark/detail/00130153.html〕［2018年7月27日アクセス］）

図2 北海道日本ハムファイターズ建設球場パース図（北海道日本ハムファイターズ提供）

た。

　新球場建設によってファイターズは本拠地を所有することになる。ただし、ファイターズが見据えるのは、既存のプロ野球ビジネスの最大化ではないだろう。ファイターズが目指すのは、球団の価値を中心に、北海道内外／国内外のステークホルダーと一緒になって球団の価値を高めていくような場所の創出だ。この挑戦的な発想に北広島市が応じたのである。

　ファイターズと北広島市のパートナーシップの例に、プロ球団とまちづくりの接点を見て取ることができる。

　ファイターズは借地となる土地（37ヘクタール）の内部を開発すること、北広島市にはその外縁の土地をどのように活用していくのかという計画が必要になる。まちのなかの人やお金の流れが変わり、ファイターズを核に、北広島市が北海道民を結び付ける場所になる。さらにファイターズは、新千歳国際空港と同様、新球場を北海道の窓口として道外／国外の人たちと北海道を結び付ける場所にすることを目指し、経営のグローバル化を進めている。

　球場の完成は2023年を予定しているため、工事はまだ始まっていない。だが、すでに変化は始まっている。職員の変化である。特に、北広島

市では、ファイターズの案件は関心の的である。将来を担う30代・40代の職員が部署を超えてプロジェクトを組んで動きだし、職員の募集には、ファイターズの新球場建設に携わりたいとの思いから4人枠に多くの人が応募したという。

6 プロチームの本拠地というスポーツインフラ

　プロチームの本拠地があってチームがまちづくりに関与するならば、そのまちは優れたスポーツインフラをもつことになる。しかし、プロチームが本拠地を動かしたりすることはほとんどなかった。チームと自治体の従来の関係は「使わせてもらう側（チーム）」と「使わせる側（自治体）」だった。しかし、ひとたび本拠地が動く状況が生まれると、使わせる側にいた地域が招く側になる。筑後市と北広島市のように地域の関心とちからを引き出し、プロチームとの対等なパートナーシップにまで発展していける。
　建物の配置や周りの地域との接続など物理的な空間デザインからまちづくりを志向すれば、スポーツインフラがスポーツまちづくりにとどまらず、その地域のまちづくりを主導する状況も可能になる。Jリーグのヴ・ファーレン長崎は、長崎駅付近の土地に約500億円をかけてマンションやオフィスビルを併設した近未来的なスタジアムを建設予定であることを発表した。地方自治体とのパートナーシップを築き、自治体も戦略的に活用することができれば、スタジアムとその付帯施設をまちづくりに生かすことにつながる。スポーツインフラとしてのプロチームの役割を広げていくことにもなるのだ。

より深く学びたい人へ

▶小林至『スポーツの経済学──2020年に向けてのビジネス戦略を考える』PHP研究所、2015年
　欧米のスポーツビジネスを数字を用いて説明して、そのなかでスタジアムビジネスの重要性を指摘。

コラム

よそでおこなわれていないスポーツを振興していたら、まちづくりにつながった！
育つべくして育ったカーリング娘

束原文郎

　本書でいうスポーツまちづくりに向けた意図的な施策でなくても、住民のスポーツ実践を充実させるために続けた努力がまちづくりにつながった例がある。2018年2月に開催されたピョンチャン・オリンピック女子カーリング日本代表で銅メダルを獲得したカーリングチーム、ロコ・ソラーレ（LS北見）のメンバーが生まれ育った北海道北見市常呂町（旧常呂郡常呂町）

写真1　アドヴィックスカーリングホール外観（筆者撮影）

コラム　よそでおこなわれていないスポーツを振興していたら、まちづくりにつながった！

写真2　アドヴィックスカーリングホール内観（筆者撮影）

である。人口4,000人ほどの過疎にあえぐ消滅可能性自治体でありながら、いまやカーリングの町として知らぬ者はいない。実はロコ・ソラーレを含めて全部で14人のオリンピアンを輩出している。なぜ、それが過疎の町・常呂で可能になったのか。ピョンチャン・オリンピックの熱が落ち着いた18年5月末、常呂町の外れにあるアドヴィックスカーリングホールを訪ねた。

●カーリング大国カナダから整氷技術を移転

　1980年、北海道とカナダ・アルバータ州が姉妹提携を結び、それがきっかけで開催された「カーリング講習会」が常呂町でのカーリング振興の端緒だった。当時は本物のストーンはなく、ビールのミニ樽やガスボンベにコンクリートを詰めたお手製のストーンと、ブラシの代わりに竹箒を使用した。これに参加したのちの常呂町カーリング協会初代会長でロコ・ソラーレメンバーを直接勧誘・指導もした小栗祐治が中心になり、すぐに本格的な普及が始まった。

　1981年にアルバータ州在住のウォーリー・ウースリアク元世界チャンピオンを招聘し、指導者講習会を開催、整氷技術を学んだ。これがさっそ

く生かされ、屋外スケートリンクの一角に2面のリンクを造成し、同年の第1回NHK杯の開催につながった。管理が難しい屋外での整氷作業は、89年のはまなす国体デモンストレーション競技会場として常呂町内に屋内カーリング専用リンクが建設された88年まで続いた。この経験が、現在常呂町が誇る世界基準の整氷技術に結び付いたという。

　小栗とともに黎明期からカーリングの普及に努め、現在は常呂カーリング倶楽部の事務局長を務めながら指定管理者としてカーリングホールの管理にあたる鈴木繁礼は「常呂の氷は誰もまねできない」と自負する。2013年に過疎債を利用してリニューアルした通年型カーリング専用リンクは、北見からも網走からも車で3、40分はかかる決してアクセス至便とはいえない場所にあるが、それでも主要な大会を開催し、長野市や名古屋市といった国内だけでなく、中国・韓国をはじめとするアジアの指導者が整氷技術を学びにくる。「観客が入って〔収益が上がって：引用者注。以下、同〕も指定管理料を減らされるだけ」だけど、「とにかくいい氷でプレーしてほしい」。アジアナンバーワンの整氷技術は、カーリングへの愛に支えられている。

● **バリアフリー・ナイトリーグが未来のオリンピアンを育てる**

　もちろん、常呂がオリンピアンを輩出し続ける秘密はハード面だけにあるのではない。屋外でおこなっていたときからの名残で秋から春先にかけて開催されるナイトリーグがとにかく熱い。中学生、大学生、社会人、シニアの区別なく、また役場、地元金融機関、農家、医師、教師、看護師、なども区別なく、あらゆる境界を超えて常呂在住・在勤をベースとした40チームが集結し、レベル別に5リーグに配属され、平日午後7時から10時の3時間、6シートを埋め尽くした熱戦が繰り広げられる。各リーグ4ラウンドずつ、各チームが100ゲーム以上プレーする。元オリンピアンを擁するチームも多数含まれていて、未来のオリンピアンを目指す若者はゲームを楽しんでいるだけで自然と世界レベルの技術と駆け引きを体得していく。鈴木事務局長は言う。

　「ここ〔通年型屋内カーリング施設〕を建て替えたのも正直自分たちが楽しみたいから。結果的に〔まちづくりとして〕町のためになったのかもしれないが、基本的にはそれ〔自分たちが楽しむこと〕しかない」

　常呂では、自分自身が参加してとことん楽しむ娯楽として、生活に組み

込まれたカーリング文化がある。カーリングがオリンピックの正式競技に採用されるのは1998年の長野大会から。したがって、常呂町のカーリング文化のほうが20年も先輩だ。常呂の先人たちはオリンピアンを効率よく育成するシステムを作ったのではなく、自らがプレーヤーとして楽しむことを追求したことで、結果としてオリンピアンが続出する文化環境ができたのである。

●カリスマ本橋GMの帰還

　しかし、カーリングの聖地として「常呂」の名を世に知らしめたのは、オリンピック2大会連続出場のカリスマ本橋麻里の帰還が大きい。なぜなら、常呂はそれ以前にも小笠原歩、船山弓枝といった注目のオリンピアンを輩出していたが、青森や中部などほかの地名が前面に出ていて、「常呂」の名がメディアに躍ることはまれだったためだ。

　そんな折、本橋はチーム青森のセカンドとして出場した2010年のバンクーバー・オリンピック敗退後、チーム青森を辞し、常呂に帰還してロコ・ソラーレを結成した。当初は資金集めにも苦労し、満足いく強化が図れず、ソチ大会への出場を逃した。だが、同じくソチ大会出場を逃して失意のうちに帰郷した中部電力のエース藤沢五月を獲得することに成功したことから、成績が上昇に転じる。そして、選手としてはリザーブに回りながら、キャプテン・GMとしてチームを支え、あるいは牽引し、ピョンチャン・オリンピック銅メダリストとなった。

　本橋は、ロコ・ソラーレ結成時の心境をメディアの取材に答えてこう語っている。

　「チーム青森は、勝利を義務づけられて、強化のスケジュールも4年単位できっちり組まれています。（略）〔ロコ・ソラーレで活動する時間は〕個人的にはカーリングが好き、楽しいという気持ちを高めていく時間だな、と考えています。やっぱり勝つことを求められたチームでは、楽しむ余裕までは持てなかったので」(3)

　バンクーバーで優勝したスウェーデンの選手が「ものすごくリラックスしていて、五輪を完全に楽しんでいる」姿にふれ、オリンピックで勝つためには「アイスの上（の技術）だけではない、メンタルの部分での見直しが必要だと痛感」したこともあるだろう。本橋の意識には、まちづくりの意図は最初から最後までない。ただ、カーリングを楽しめる環境でチーム

を作りたかったのだ。その意味で、常呂が日本一カーリングを楽しめる地域だったからこそ、本橋の帰還も引き寄せたのだと言えるだろう。

● **偶然の積み重ねによる　スポーツまちづくり**

　常呂町のスポーツまちづくりは、たまたま北海道がカナダのアルバータ州と姉妹都市になって、住民のレジャーとして取り入れたスポーツ（カーリング）がたまたま長野オリンピックから正式競技となり、たまたま当該スポーツのカリスマが帰還してチームを結成し

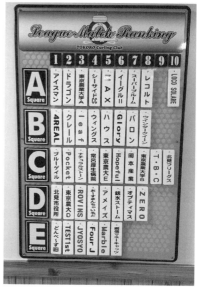

写真3　各チームの札（筆者撮影）

た、という意図せざる結果の積み重ねによって成立した。しかし、それを可能にしたのは、住民自らがカーリングをとことん楽しむための整氷技術であり、施設整備であり、リーグマネジメント（？！）だった。その底流には一貫して、「住民の、住民による、住民のためのスポーツ振興」という姿勢がある。本当のスポーツまちづくりに必要な要素とは、資金でも計画性でもなく、そのスポーツで生活を豊かにしたいという住民の強くまっすぐな思いなのではないか。常呂町のスポーツまちづくりをみて、そんなことを感じた。

注

（１）2018年5月26日インタビュー
（２）2018年5月26日インタビュー
（３）竹田聡一郎「世界が驚くカーリング女子。チームを作った本橋麻里「8年前の想い」」「web Sportiva Love Sports」集英社、2018年2月22日配信（https://sportiva.shueisha.co.jp/clm/othersports/other/2018/02/22/___split_19/index.php）［2018年7月27日アクセス］。以下の発言も同記事から。

第5章

外発的開発の
エネルギーを生かす！

高岡敦史／松橋崇史

補助金獲得を足がかりにした地元産のスポーツまちづくり

岡山県新庄村の事例

高岡敦史

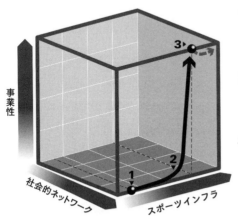

1 ▶ トレイルラン企画以前から各種イベントや村おこしを通して村民は協働を経験していて、社会的ネットワークはすでに形成されていた。

2 ▶ 2回のトレラン大会の企画・開催は、山林をスポーツインフラに変え、大会は来訪者を誘引するスポーツインフラになった。

3 ▶ 補助金に依存しない3回目の大会開催は、参加費によって大会を成立させることができた。

ハイライト

- 人口減少に直面している新庄村は、村おこしのためにトレイルラン大会を企画し、外部コンサルタント会社の力を借りて補助金を獲得して大会を開催した。自然豊かな山林は村にとって重要なスポーツインフラ（ハードインフラ）になった。また、いずれ補助金の期間が終わることを見越して、当初から村民のネットワークを生かした地元産の大会開催を指向している。
- トレイルラン大会を村おこしのスポーツインフラ（ソフトインフラ）にするためには、村民を「イベントの楽しさ」と「村への貢献」で巻き込む必要があった。村役場や実行委員会は、村内の組織や人材に、大会運営に関わるさまざまな仕事や設備・用具の製作を依頼した。
- トレイルラン大会そのものは成功しているが、人手不足・ノウハウ不足・財源不足という課題は残っている。コストをかけずに質が高い大会を運営するという事業性確保の課題が、新庄村のスポーツまちづくりの課題の中核である。

岡山県新庄村、日本で最も美しい村のひとつでも、村おこしはわら（補助金やコンサルなどの助力）にもすがる思いである。しかし、いつまでもわらに頼るわけにはいかない。わらをきっかけにして持続可能なスポーツまち

づくりに向かい始め、村民同士のつながりを基盤にしてトレイルラン大会を開催している。スポーツまちづくりは始まったばかりだが、乗り越えるべき課題ははっきり見えている。なお、本節の内容は、筆者自身が当事者として関わったスポーツまちづくりの実践である。

1 中山間地域の困難さ

岡山県北部は鳥取県との県境、中国山地の峠に位置する出雲街道の宿場町である新庄村は、岡山県に残る2つの村の1つである。人口は866人で、人口密度は12・90人／平方キロ、高齢化率は41・80パーセント、2010年から15年の人口減少率は9・51パーセント（いずれも2015年国勢調査）。RESAS地域経済分析システムの分析結果によれば、60年の村人口は450人

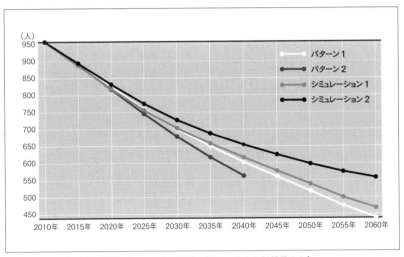

図1 新庄村の将来人口推計（RESAS地域経済分析システム分析結果から）
（出典：国立社会保障・人口問題研究所「日本の地域別将来推計人口」に基づいて、まち・ひと・しごと創生本部が作成）
【注記】
・パターン1：全国の移動率が今後一定程度縮小すると仮定した推計（社人研推計準拠）
・パターン2：全国の総移動数が、2010年から15年の推計値とおおむね同水準でそれ以降も推移すると仮定した推計（日本創成会議推計準拠）
・シミュレーション1：合計特殊出生率が人口置換水準（人口を長期的に一定に保てる水準の2.1）まで上昇したとした場合のシミュレーション
・シミュレーション2：合計特殊出生率が人口置換水準（人口を長期的に一定に保てる水準の2.1）まで上昇し、かつ人口移動が均衡したとした（移動がゼロとなった）場合のシミュレーション

から550人程度にまで半減すると予測されている。

　地理的・経済的に不利な環境にある新庄村は、さまざまな公的支援を受けながら村を運営している。公的支援のひとつが特定地域への指定である。新庄村は山村振興法に基づく「振興山村」に指定されているほか、特定農山村法に基づく「特定農山村地域」、農村地域工業等導入促進法に基づく「農村地域」、過疎地域自立促進特別措置法に基づく「過疎地域」、豪雪地帯対策特別措置法に基づく「豪雪地帯」、辺地に係る公共的施設の総合整備のための財政上の特別措置等に関する法律に基づく「辺地地域」にも指定されている。

2　村外からの支援で進められてきた観光客誘致

　新庄村は、1889年の町村制施行以降、一度も他市町村との合併を経験していない。2015年度の1人あたりの地方税額（24万5,000円）、固定資産税額（21万1,000円）はいずれも岡山県内第1位と高額だが、村人口の少なさから総収は低く、村の独自財源を外部から確保しながら政策を展開する必要がある。現在でも、国をはじめとしたさまざまな補助金を獲得しながら政策を展開している。域内での消費額も多いため、地域経済循環率(3)は37・3パーセントと県内最下位である（図2）。

　こうした背景もあって、新庄村では観光客の誘致を模索してきた。
　新庄村の観光資源には、県内随一の桜の名所である「がいせん桜通り」と旧出雲街道宿場町のまちなみ、中国百名山のひとつで天然ブナ林とカタクリ群落がある毛無山が挙げられる。桜が満開になる季節の「がいせん桜通り」（写真1）の集客はめざましいものがあり、村民が山菜おこわなどの飲食を提供したり、新庄中学校の子どもたちがふるさと学習の成果を観光ガイドボランティアとして提供したり、バザーを出店したりして、村を挙げた取り組みで支えている。

　とはいえ、新庄村を訪れる観光客数（滞在人口）は、桜の季節に集中している（図3）。それ以外の時期の集客力向上が課題だった。
　観光振興を進めて村おこしにつなげたい村は、集客力が高いイベントを外から受け入れるようになった。「第25回国民文化祭・おかやま2010」（2010年10月30日―11月7日開催）では、出雲街道ウォークや出雲街道写真展

を中心にした歴史文化事業が展開され、村外からの参加者に村民の自宅に宿泊してもらう民泊も実施した。また、2013年8月には、アートで新庄村の魅力を発信する「新庄村アートヴィレッジプロジェクト PLUG AIR」を岡山市に本社を置く企業の協力を得て実施した。食と音楽をテーマにしたこの野外イベントには約3,000人が村を訪れた。

こうした外からのイベント受け入れは、多くの人を村に呼び寄せたが、多くの村民に村おこしに対する当事者意識を育むことはできなかったし、むしろ負担感を抱いた村民もいたようである。とはいえ、トレイルラン大会「SHINJO-HIRUZEN SUPER TRAIL」(本大会は2018年の3回目からブナの森の保護と活用を前面に押し出すために「FORESTRAIL SHINJO-HIRUZEN」と名称変更している。ここでは、旧大会名だった時期のことについて論じるため、以下、

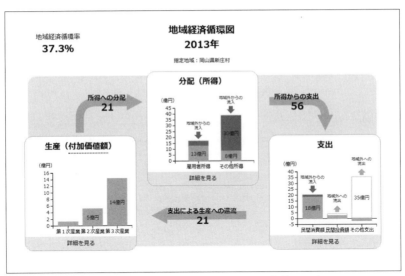

図2　新庄村の地域経済循環図(RESAS地域経済分析システム分析結果から)
(出典：環境省「地域産業連関表」「地域経済計算」[価値総合研究所(日本製作投資銀行グループ)受託作成])

【注記】
本データの詳細な分析は「RECA 地域経済循環分析モデル」(https://www.vmi.co.jp/reca/) を参照
「地域経済循環率」とは、生産(付加価値額)を分配(所得)で除した値であり、地域経済の自立度を示している(値が低いほど他地域から流入する所得に対する依存度が高い)
「雇用者所得」とは、主に労働者が労働の対価として得る賃金や給料などをいう
「その他所得」は、財産所得、企業所得、交付税、社会保障給付、補助金など、雇用者所得以外の所得により構成される
「その他支出」は、「政府支出」+「地域内産業の移輸出・移輸入」により構成される
例えば、移輸入が移輸出を大きく上回り、その差が政府支出額を上回る場合(域外からの財・サービスの購入を通じた所得流出額が政府支出額よりも大きい場合)は、「その他支出」の金額がマイナスになる
「支出流出入率」とは、地域内に支出された金額に対する地域外からの流入・地域外に流出した金額の割合で、プラスの値は地域外からの流入、マイナスの値は地域外への流出を示す

写真1 がいせん桜通り（筆者撮影）

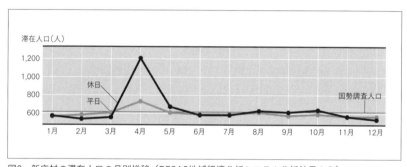

図3 新庄村の滞在人口の月別推移（RESAS地域経済分析システム分析結果から）
（出典：NTTドコモ／NTTドコモ・インサイトマーケティング「モバイル空間統計」、総務省「平成27年国勢調査」）
【注記】
滞在人口率は、滞在人口（NTTドコモ／NTTドコモ・インサイトマーケティング「モバイル空間統計」）÷国勢調査人口（総務省「国勢調査」夜間人口）で表される
滞在人口とは、指定地域の指定時間（4時、10時、14時、20時）に滞在していた人数の月間平均値（平日・休日別）を表している

SHSTと略記する）の企画も外から持ち込まれたものだった。

SHSTは、大手旅行会社がコンサルとして主導して、中国四国農政局・都市農村共生・対流総合対策推進交付金の山村活性化支援対策の補助金を獲得したことで着手されたプロジェクト「Golden Wisper」を中核とした観光振興プロジェクトのひとつである。このプロジェクトは、SHSTのほか、精神的な疾患を抱えた就業者の復職に向けた森林セラピープログラムの立案・展開と、地元産品を用いた商品開発を含んでいる。プロジェクトに投入された初年度の補助金額は1,000万円であるのに対して、村自前の事業費は30万円であり、SHSTは国の補助金に完全に依存していた。

しかし、SHST実行委員会は、外からのイベントを受け入れることに無批判だったわけではない。過去への反省があったからだ。第1回のトレイルラン大会の企画を担った実行委員会（当時はトレラン部会）では、「村民にとって「よかった」と思える大会にしよう」という意見や「農水省補助事業が切れても続けるという機運を醸成しよう」[5]という意見が出た。また、大会運営会社から目指すべき大会のモデルとして、岐阜県神流町の神流マウンテンラン＆ウォーク[6]が例示され、参加者から「「東の神流・西の新庄」にしよう」という前向きな発言も出たほどである。[7]

実行委員会は大会開催に関する村民会議を提案した。そこでは、コンサルや大会運営会社にお任せでいいのかという言外の意味を含む「大会開催の主体や総まとめをする人は誰なのか」という質問が飛び出し、それに対して「目指す先は「全村民が参加する」ことではないか」という意見が出た。1回目の企画段階から、外からのイベント受け入れにとどまらず、村民の、村民による、村民のための大会にしようという願いが表現されていたのである。

とはいえ、村民の誰にとっても未体験のトレイルラン大会の企画・開催だったこともあって、すべての願いを実現することは難しかった。第1回大会後の反省会では、「（運営会社のおかげで）きちんとした大会、立派な大会になっていくことは大切だが、村民がついてこられなくならないだろうか」という意見や、「村おこしに関わっている団体、例えば青年団（若い住民の組織）をもっと巻き込まないといけない」という意見が出た。当初の願いは2回目以降の運営に引き継がれている。

3 村内の社会的ネットワークを生かし育てるイベントに

　SHSTは、新庄村の山林と真庭市蒜山周辺の山林をコースとして、2016年10月2日（日）に第1回大会が開催された。約70キロのロングコースと約25キロのミドルコースが設定され、男性334人、女性75人、計409人の出走者だった。17年大会（10月1日〔日〕開催）では、出走者が男性462人、女性80人、計542人と増加した。[(8)]

　まだ2回だけの大会開催だが、SHSTは域外からの来村に成果を上げた。華やかなランニングウエアに身を包んだ若いランナーが村内を駆け抜ける風景に、沿道で応援する村民も盛り上がりを見せていた。しかし、SHSTはその企画段階から、観光客の誘致にとどまらない目標を掲げていた。それは、村住民の誇りと絆を育むことである。

　SHST実行委員会は、まず、村全体をフィールドとして開催するSHSTに対して村住民の当事者意識を育むことを重要視し、できるだけ多くの住民に大会運営に参加してもらうことを目指した。村役場が村内全世帯に告知チラシを配布し、村内のさまざまな団体の会合で大会開催の情報と協力依頼を伝えた。また、農繁期（稲刈り時期）に大会を開催することもあり、未知のスポーツイベントへの個人での参加は心理的ハードルが高いことが予想されたため、村内の住民組織に合わせて「参加チャンネル」が用意された。新庄村は何世代にもわたって暮らす村民が多く、綿々と続く村の住民組織は団結が強くて、村を挙げたさまざまな取り組みに大きな力を発揮してきた。SHSTはその力を生かそうとしたわけだ。

　コース内の立哨とエイドステーションの準備・運営には、消防団から多くの人手が出た。大会前日の交流会（レセプションパーティー）の料理や、スタート前の地元産もち米・ひめのもちの雑煮は、村内の料理組合が協力して調理・提供した（写真2）。交流会や大会当日に調理・提供をしていた料理組合の人たちは、地元産の食材を使った料理やひめのもちのおいしさをランナーたちに自慢げに伝えていた。ランナーたちは、村内で収穫されたこんにゃく芋からこんにゃくが手づくりされていることや、提供されるごはんやもちが、すべて村内で生産されている米やもち米であることを驚きをもって受け止めていて、その反応が料理組合関係者を喜ばせていた。

　また、スタート＆ゴールのゲートは、地元の林業会社が協力し、地元産

写真2　提供した料理と説明する組合長（筆者撮影）

写真3　地元産スギ材のスタート＆ゴールゲート（筆者撮影）

第5章　外発的開発のエネルギーを生かす！

写真4　地元産ヒノキ材の風呂（筆者撮影）

スギ材を用いて製作されたものだ（写真3）。ゴール地点のアイシング用の風呂も、地元産ヒノキ材を用いて林業会社とログハウスビルダーが協力して製作して設置した（写真4）。スタート＆ゴールゲートとアイシング用風呂製作の提案者であり製作者の一人である黒田眞路は、林業会社の支社長として村民の社会的ネットワークの結節点にいる人物で、長年、スポーツ推進委員を務めてもいて、SHST実行委員長でもある。黒田の、SHSTをよりよい大会にしようという熱意や自らが楽しもうという姿勢、そしてランナーだけでなく大会運営に参加する人たちも楽しませようとする明るい求心力は、社会的ネットワークをSHSTに生かすために多くの人を巻き込むことと、SHSTを通して社会的ネットワークをポジティブなものにしていくことに大きく貢献していた。

　ランナーを対象にした民泊の実施も重要な住民の参加チャンネルだった。2016年大会では21軒の世帯が、17年大会では25軒の世帯が民泊対応に自ら手を挙げた。民泊対応に協力した家庭には、村内の業者から宿泊者

のための布団一式が届けられた。また、民泊利用は前述の交流会への参加とセットになっていて、民泊対応家庭が夕食を用意する必要はなかった。そのため、民泊と交流会のセットの料金は6,000円（2017年大会）に設定されていて、民泊に対応した家庭にはそれほど多く支払われているわけではない。

こうした村住民の大会運営への参加は「村民の、村民による、村民のための大会にする」ことを狙ったものである。前述したとおり、人口1,000人に満たない村の凝集性はすでに高い。長年続く住民組織の活動や防犯の必要がないほどの相互信頼でもわかるようにソーシャルキャピタルは豊かだ。しかし、それだけでは人口減少は止められないし、観光客誘致などによる経済活性化は図ることができない。村おこしのスポーツインフラとしてのSHSTのポテンシャルを高めることが必要になる。

4 SHSTをスポーツインフラに！

村おこしのスポーツインフラとしてのSHSTのポテンシャルを増大させる取り組みは、大会の企画の中核である。SHSTには、村外の人たちにとっての価値を高め、大会参加者として村に来てもらうことから関係人口の増加につなげることと、村民たちにとっての価値を高めてSHSTをきっかけに村おこしの機運を高めることが求められた。

村外の人たちにとってのインフラパワーを上げる取り組みには、大会のブランディングと魅力的なコースづくりの2つがある。

1回目の大会の実行委員会を組成するための会議では、大会のブランディングについて2つの柱が提案された。「人情味あふれる新庄の人々のおもてなしを体感できる」ことと「ウルトラトレイル・デュ・モンブランUTMBの高ポイントを獲得できる西日本で数少ない国内屈指のレースを目指す」ことである。前者は、参加者に新庄村の魅力や愛着を感じてもらうことで新庄村らしさを訴えかけようとするものである。後者は、UTMBという国際的なトレイルラン大会のスポーツインフラとしてのパワーをSHSTに媒介させ、世界とつながる大会だと認知してもらうためのものである。

新庄村にとってのスポーツインフラは大会だけではない。林道コースそ

のものもスポーツインフラである。大会会場であるコースがランナーにとって魅力的でなければ、大会のスポーツインフラとしてのポテンシャルは上がらない。新庄村の多くを占める山林は、岐阜県岐阜市に本社を置く1898年創業の林業・木材製品加工販売・住宅建築会社である國六が保有していて、岡山県新庄事業所が1,450ヘクタールの山林の維持・管理にあたっている。実はこの山林がスポーツ空間になったのはSHSTが初めてではない。2005年10月に岡山県で開催された「晴れの国おかやま国体」では、山岳縦走競技のコースに選ばれた。麓はスギやヒノキの人工林だが、標高が上がるにつれてブナなどの広葉樹の天然林になり、遠景に蒜山三山（下蒜山・中蒜山・上蒜山）や国立公園・大山が見渡せる天然林は、その風景もブナの木の香りもランナーにとって大きな価値をもっていると思われる。國六関係者や村行政職員、村内の森林を活用する森林セラピー協議会、県内のトレイルラン関係者などによる林道コースのメンテナンスと活用によって、その価値は保たれている。

新庄村の森林セラピー協議会は、SHSTの舞台となっている山林を、ボランティアガイドを養成して自然観察トレッキングコースとして活用している。また、岡山県のトレイルラン界を長年にわたって牽引してきたレジェンドである村松達也（日本トレイルランニング協会評議員・日本トレイルランナーズ協会理事）は、SHST初開催当初から参画し、実行委員にも名を連ねている。村松は、県内のトレイルラン関係者を組織化し、SHST開催だけでなく、新庄村内や蒜山地域でのトレイルラン練習会や、蒜山地域での冬季のスノーシュートレッキングイベントを企画・開催している。

村民にとってのスポーツインフラとしてのパワーを上げる取り組みには、より多くの村民に、SHSTが楽しいイベントだと知ってもらうことと、SHSTに関わってもらうことの2つがある。

山林に分け入って走るトレイルランでは、ランナーは視認性を高くしておく必要があり、カラフルなウエアを着る。また、まだ暗い早朝から日が暮れた夜まで走るため、ランナーはヘッドライトを付けている。カラフルな数百人がキラキラと光を瞬かせて走る様子は、トレイルラン初観戦の村民にとって非日常の体験だった。実行委員会では、村民に沿道で応援してもらうために、割り箸と紙で手づくりの手旗を作成して多くの村民に配布した。沿道に住む高齢男性は「すごいなあ！」「元気だなあ！」と驚き、通り過ぎるランナーに大きく手旗を振り、大きな声援を送っていた（写真

写真5　手旗を振って応援する村民（筆者撮影）

写真6　村民が感動を共有する（筆者撮影）

5)。さらに、第1回大会で、参加ランナーの最高齢者（80代男性）がゴールに近づいてきたとアナウンスされたときには、実行委員会メンバーが、ゴール付近で応援していた村民や大会関係者に手でトンネルを作って出迎えるように声をかけて集めた。高齢にもかかわらず22キロの山道を完走した感動を多くの村民が共有した瞬間だった（写真6）。

より多くの村民にSHSTに関わってもらう取り組みは前項で紹介したとおりである。コース内の立哨とエイドステーションの準備・運営、大会前日の交流会（レセプションパーティー）、スタート＆ゴールのゲートの製作・設置、ゴール地点のアイシング用の風呂の製作・設置、ランナー対象の民泊などがある。それぞれの関係者は実行委員会と担当部会の会議に参加している。

5 中山間地域のスポーツまちづくりが直面する事業性確保という課題

新庄村のような人口規模の小さい中山間地域でスポーツまちづくりを展開する際に直面する最も大きな課題は、人手不足だろう。トレイルランのような大会エリアが広範囲にわたる場合は特にそうである。SHSTの開催に際しても、できるだけ多くの住民の参加が可能な日に開催日を調整したし、それでも足りないことが予想できたために外部からボランティア（例えば、県内のトレイルラン関係者や筆者が勤める大学の学生たちなど）を集める必要があった。

人手不足に次いで直面する課題は、当該スポーツの大会を運営するノウハウの不足である。2018年9月で3回目を迎えることになるSHSTでも、トレイルランの運営会社（千葉県長生郡に本社を置く会社フィールズ）の協力なくしては大会を開催することは難しい（ITRA〔国際トレイルランニング協会〕のポイントの申請などの手続きもフィールズが担っている）。

人手不足とノウハウ不足は、スタッフに謝礼を支払い、運営会社に委託料を支払えば解決されるだろう。しかし、そのための財源確保は容易ではないし、期間限定の補助金に依存しているSHSTにとっては、コストをかけた大会開催はいよいよ持続が危うい。人手不足とノウハウ不足という課題をコストをかけずに解決すること、つまり事業性を確保することが、中山間地域のスポーツまちづくりを持続可能なものにする手段にほかならな

い。

　補助金依存を脱する必要性にも実行委員会は気がついていた。農水省補助事業は3年間の期限付きであり、2018年の大会からは補助金なしで大会開催できなければいけないことは明白だった。参加費で大会運営自体が成立する計算は成り立つものの、今後の大会の規模や質の拡大への投資は難しい状況にある。参加者を安定的に確保していくための方策の検討はこれからである。また、専門性が高い大会運営会社との連携は、大会の安心・安全な運営や参加者の経験価値を向上させるうえで現状では欠かせないことだが、相応のコストがかかる。大会運営を村民の自前でできるようになるためのノウハウの獲得と蓄積も未検討である。SHSTの事業性確保にはまだまだ課題が多いと言えるだろう。そこでSHSTは、補助金に頼れなくなった18年大会から、運営会社にほぼすべてを委託していた大会運営をまちづくり新庄村(10)という会社に移管し、独自財源として新庄村のふるさと納税を充てることにした。まちづくり会社による大会運営が安定するまではあと数年はかかるだろうし、ふるさと納税が今後も安定的に確保できるかどうかは不透明だが、事業性確保に向けた小さな一歩を踏み出したと言えるだろう。人口減少を地域の危機と捉えて動きだした中山間地域で、既存の社会的ネットワークを生かして、地域生活の背景であり糧でもある山林をスポーツイベント会場に利用し、スポーツイベントをまちづくりのスポーツインフラとしてパワーアップしていくところまで到達し、事業性の確保という課題をはっきりと自認することは、次なる一歩を踏み出すうえで重要だろう。

　中山間地域の豊かな自然環境は、アウトドアスポーツツーリズムの資源になる。しかし、山林がスポーツ空間としてメンテナンスされることでスポーツインフラになりうるのは、トレイルランやトレッキング、ボルダリング、マウンテンバイクなどの山岳スポーツイベントを仕掛けるほかの地域でも同様である。日本国内ですでに200を超えるトレイル系のスポーツ大会(11)が開催されている。これらは、(シティーマラソンがそうなったように) いずれ参加者を奪い合う状況になるだろう。

　また、年に一度の大会開催に大きな経済効果を期待することはできない。自然環境がスポーツ空間として利用可能な状況にあるだけでは、スポーツまちづくりに資するスポーツインフラとしては不十分である。この課題に対してSHSTは、大会開催に先立つ練習会をシーズンに4、5回開催し

ている。冬季には森林セラピー協議会がSHSTのコースの一部を使ってスノーシュートレッキングイベントを開催している。また、SHST実行委員会の一部からは、雪に閉ざされる冬季を除く期間に、トレイルランだけでなく、陸上競技などのトレーニングにも利用してもらえるようにトレイルコースを整備してはどうか、というアイデアが出始めている。それに付随して、トレーニング後のシャワーや風呂、駐車場、宿泊や飲食店などの整備も必要ではないかという声もある。実現すれば年間を通じた一定の来村者が見込めるかもしれないし、いまよりも経済波及効果は大きくなるかもしれない。いまはまだ構想段階であり、淡い期待にすぎないが、SHSTの開催で発見した山林というスポーツインフラをさらにパワフルなものにしようという機運が育まれつつあることは、新庄村のスポーツまちづくりが補助金依存から脱却してその先も持続していこうとするモチベーションの表れと捉えられるし、その可能性を大きくしているのではないだろうか。

より深く学びたい人へ

▶恩田守雄『互助社会論──ユイ、モヤイ、テツダイの民俗社会学』世界思想社、2006年
　中山間地域におけるスポーツまちづくりは、その地域に残存する互助の文化を大切にすることが必要。

▶田中重好『共同性の地域社会学──祭り・雪処理・交通・災害』ハーベスト社、2007年
　互助・共同の文化を具体的なスポーツまちづくりの取り組みにつなげるためには、多主体が地域共同の文化を共有している必要がある。

注

（1）本節で取り上げる岡山県新庄村は、「日本で最も美しい村」連合に加盟している。
（2）「RESAS地域経済分析システム」（〔https://resas.go.jp/#/33/33586〕〔2018年7月27日アクセス〕）は、まち・ひと・しごと創生本部事務局が提供している産業構造や人口動態、人の流れなどの官民ビッグデータを集約し、可視化するシステムである。
（3）生産（付加価値額）を分配（所得）で除した値。地域経済の自立度を示していて、値が低いほど他地域から流入する所得に対する依存度が高い。
（4）2014年8月の新庄村長選挙は、アートヴィレッジプロジェクトの可否が争点のひとつになった。
（5）以下、会議における発言は筆者によるメモ。
（6）神流マウンテンラン＆ウォークは、人口2,000人足らずの岐阜県神流町で、限界集

落の拡大を課題意識として2009年に開始されたスポーツイベントである。その基本方針は、「地域の人々が行政と連携し、地域が自信を持ち、最後まで安心して暮らせるよう、都市との交流を深めるため、「これぞ神流町!」という、心のこもった手作りイベント」（公式ウェブサイトから抜粋〔http://www.kanna-mountain-run.com/〕〔2018年7月27日アクセス〕）である。

（7）1回目の大会開催後、大会運営会社の導きで、神流町の仕掛け人を村へ呼び、村民対象の講演会が開催されている。

（8）SHSTのリザルト：2016年大会は、完走が難しいトレイルランにあって平年よりも気温が高かったこともあり、完走率はロングコースが54・5パーセント、ミドルコースが95・9パーセントだった。17年大会は、穏やかな天候もあって完走率もロングコース78・4パーセント、ミドルコース98・0パーセントに上がった。

（9）多くの家庭が民泊対応に参加した背景には、先述した「第25回国民文化祭・おかやま2010」での民泊対応経験があり、新庄村民の民泊に対する抵抗感は他地域よりも低いと思われる。

（10）まちづくり新庄村は、新庄村の地域活性化と移住促進を推進するために2015年12月に設立されたまちづくり会社である。詳細は公式ウェブサイト（〔https://www.shinjo-son.jp/〕〔2018年7月27日アクセス〕）を参照してほしい。

（11）「Mountain Sports Network」調べでは、2017年に開催されたトレイル系の大会は211に及ぶ（〔https://www.mtsn.jp/〕〔2018年7月27日アクセス〕）。

2 「若者」による中山間地域を舞台にしたスポーツまちづくり
新潟県三条市下田地区の事例
松橋崇史

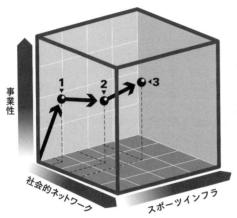

1 ▶ 地域おこし協力隊の制度を活用してスポーツまちづくりに関わる「若者」が三条市下田地区に移住。
2 ▶ 地元の住民や町内会からの信頼を得るなかで支援を引き出し、支援の輪が広がる。
3 ▶ アスリートの巡回教室、体験教室、サッカー合宿の誘致、大学野球の宿泊地提供など、「若者」の活躍の場が生まれ活動が進む。

ハイライト

- 地域おこし協力隊の制度を活用して「若者」が三条市下田地区に移住するようになった。「若者」は、まちづくりとひとづくりを掲げる現地のNPOを活動拠点として、スポーツまちづくりに関連するさまざまな取り組みを展開している。
- 彼らは、NPOが掲げるスポーツを通じた中山間地域の活性化と、アスリートが次のキャリアに進むための準備機会を作るという「セカンドキャリア形成」への貢献を掲げる。そのビジョンに共感する人たちの協力を得ることで人材紹介が進み、現在、10人程度のアスリート、元アスリートが地域おこし協力隊として下田地区で活動している。
- 都市部のサッカークラブを対象にしたサッカー合宿場所や大学野球の宿泊先確保をとおして、地域住民や町内会の支援を引き出している。
- 地域との関係を築くなかで、小学校や中学校で、アスリート／元アスリートが主催するサッカーや陸上の巡回教室が始まり、少年サッカークラブが再始動した。BMXや野球の体験教室も動きだしている。地域に支援の輪を広げることで、下田地区に集う「若者」の活躍の場が生まれ、スポーツまちづくりが広がる。

1 │ 三条市の地域活性化策と下田地区

　第2章で取り上げた新潟県三条市は、2006年に1市1町1村が合併している。1町とは、現・三条市の南部地域に相当する旧栄町であり、1村とは東部地域に広がる中山間地域をもつ旧下田村である。本節の舞台は、この旧下田村のエリアとなる。旧下田村は西側の旧三条市との境から、東側の福島県境まで東西約40キロ、南北も20キロほどで、広大な面積をもち、合併前の人口は1万1,000人程度、農業を主産業とする地域だった。

　旧三条市は、伝統的な金物の町、ものづくりの町として栄え、現在の三条市の主要な活性化政策もこうしたものづくりを対象としている。国定勇人市長が市長に就任した直後の2010年からは、中心市街地（旧市街地）の活性化策の一環として、三条マルシェごった市＠ホコテン（以下、三条マルシェと略記）がおこなわれている。三条マルシェは、中心市街地周辺の道路を歩行者天国にして年に10回ほどおこなわれ、毎回1万人以上もが集まる大イベントで、全国的にみても注目されるマルシェに発展してきた。13年からは町工場などが作業場を公開する「工場の祭典」もスタートした。100以上の工場や農場が参加し、普段は公開されることがない町工場のなかが公開されるとあって、17年には4万人程度の参加者が参加した。

図1　三条市の中心部（旧三条市）と旧下田村の位置関係と旧荒沢小学校の位置

三条マルシェと工場の祭典は総務相表彰を受けている。スポーツ関連では、国定市長は、15年3月から「2020年東京オリンピック・パラリンピックを活用した地域活性化推進首長連合」の創設を主導して会長を務めている。16年9月からは、冬季パラリンピック種目であるパラアイスホッケー（旧名：アイススレッジホッケー）日本代表チームにスレッジを提供するために市が町工場と連携してプロジェクトを進め、ピョンチャン・パラリンピックで選手団キャプテンを務めた須藤悟選手向けに用具を開発した。

旧下田村は、隣接する旧三条市の影響で三条側のエリアを中心に工場が立ち並ぶ地域もあるが、それ以外は、ほかの中山間地域同様に農業が主産業である。下田地区住民の3、40パーセント程度は村外（主に旧三条市エリアと燕市の産業集積地帯）を勤め先にしているために、産業集積エリアの活性化は下田地区の住民にとっても重要だった。

下田地区自体にも、他地域から人々を誘引できる施設がいくつか存在している。ハイエンドなキャンプ用品メーカーとしての地位を確立したスノーピークは、下田地区に本社を構え、敷地内に広大なキャンプ場を有する。キャンプシーズンにはスノーピークの本社ということもあって多くの人が集まる。第三セクターが運営する温泉複合施設である「いい湯らてい」は風光明媚で知られる八木ヶ鼻を眺める場所にあり、多くの温泉客が訪れている。高級宿で知られる嵐渓荘は、戦前の高級料亭旅館を燕駅前から移築した建物が中心の温泉宿で、本館は国の有形文化財に登録されている。2017年末には、史上最年少プロ棋士として活躍する藤井聡太が戦う竜王戦もおこなわれた。日本棚田100選に選ばれた北五百川棚田もある。

人々を引き付ける際立ったスポットがあって、そのためのインフラ整備などが進むものの、域外の人たちはそれらのスポットを訪れるだけで、下田地区を回遊してゆっくり観光することはなかったし、地域側にもそうして外から訪れる人たち向けの事業を営むところは限られていた。下田地区に滞在するとすぐにわかることだが、夕食を外で食べようとすると三条市の中心地に向かわなくてはいけない。主立った宿泊施設が前記の嵐渓荘を含めて3つ（ほかの2つも日本旅館）であるから、多くの人が下田地区に滞在しながら観光するという前提がない。関係人口や交流人口の増加を意図した下田地区全体の活性化策で目立った動きはなかった。

2 | NPOソーシャルファーム さんじょう

　三条市が、旧下田村の活性化策を検討しているなかで、その担い手として手を挙げた中心にいたのが、第2章で登場した柴山昌彦が代表を務めるNPOソーシャルファームさんじょうだった。ソーシャルファームさんじょうは2015年に創設され、その名が表すとおり、「農業を核とした人財育成事業と「場」づくり事業を推進する」ことをミッションに掲げて活動を始めた。「農業企画」「サッカー・スポーツ総合」「地域交流」などに関連したイベントや企画を通して地域を活性化することを目的に掲げ、その活動拠点を築10年にも満たない旧荒沢小学校（写真1。場所は図1を参照）に定めて活動を始めた。

写真1　旧荒沢小学校（三条市提供）

ソーシャルファームさんじょうのメインテーマが下田地区をフィールドとした「ひとづくり」であることから、域外からの「若者」（20歳代がメインではあるが、30代以上も在籍しているので「若者」と表現する）を受け入れるために地域おこし協力隊の制度などを活用したり、「しただ塾」を開講して運営している。

● **地域おこし協力隊制度の利用**

　下田地区の地域おこし協力隊は、2015年度に3人を受け入れたのを皮切りに、16年度の在籍者数8人、17年度には11人、18年度には15人にまで増えた（写真2）。ソーシャルファームさんじょうは、地域おこし協力隊の活動基盤を提供し、協力隊が地元地域や協力隊員同士で連携しながら活動が進められるよう支援している。同時に、下田地区の有志（例えば、前述の嵐渓荘の社長など）の協力を仰ぎながら「三条市滞在型職業訓練施設しただ塾」の実施機関として、しただ塾の運営を主導的に進めてきた。しただ塾は厚生労働省「求職者支援制度」の認定を受けたもので、「地域の人たち

写真2　地域おこし協力隊のオフィス（ソーシャルファームさんじょう提供）

表1　三条市下田地区にスポーツまちづくりに関連して着任した地域おこし協力隊

名前	着任時期	取り組んでいること
会津泰成	2015年9月	元テレビアナウンサー。フリーライター。関東圏のサッカークラブ向けの合宿プログラムやアスリート巡回授業、地元のサッカークラブの運営を手がける。2018年9月末で退任
芦田仁	2016年4月	元大学サッカー部副将。スポーツ関連の取り組みに関与し、現在は三条市内の学校教諭
永井篤志	2016年9月	元Jリーガー、モンテディオ山形のコーチも務める。サッカー関連の諸活動に従事
菊池雄	2017年4月	BMX現役選手。下田地区の地位活性化に寄与するための取り組みを実施しながら、東京オリンピック出場を目指して世界を転戦する
野村直己	2017年12月	地域おこし研究員として活動（慶應義塾大学の大学院生として三条の地域おこし協力隊を務める）。現役の陸上選手。専門は800メートルトラック。陸上を介したプログラム作りを研究テーマに実践研究を展開
今井啓介	2018年4月	元プロ野球選手。長岡市（旧栃尾市）出身。中越高校を経て、広島カープで投手として活躍
平紀和	2018年4月	地域おこし研究員として活動。スポーツを活用した地域活性化の方策について実践研究を展開

第5章　外発的開発のエネルギーを生かす！

と触れ合いながら、血の通った観光や農業のあり方を考える学び舎」（三条市のウェブサイト）である。しただ塾の開講年にあたる16年度には5人、17年度には10人の「若者」が参加した。参加した「若者」は11月から3月まで下田地区の空き家などに分散して滞在し、平日は毎日旧荒沢小学校に集まってまちづくりに関連する内容を勉強する。17年度はアウトドア観光従事者養成がテーマだったため、それに関連するゲストを招いたり、地元の住民や地域おこし協力隊員たちが講師になったりした。

　下田地区のスポーツまちづくりは、こうして集まる「若者」のなかから担い手が生まれてきた。下田地区に集まる地域おこし協力隊の活動テーマは実にさまざまだが、2015年以降、毎年2人から3人がスポーツをキーワードに下田地区のまちづくりを含めた地域に関連することに関わるために赴任してきている。表1は、18年までに、スポーツに関連した取り組みのために下田地区に赴任した地域おこし協力隊のメンバー（一部）である。初めに赴任した会津泰成（地域おこし協力隊の任期はすでに終了）は、農業・スポーツ・ひとづくり（スポーツでいうセカンドキャリア）をキーワードに、三条市下田地区で活動が始まることを知人づてに聞き、下田地区の地域お

写真3　永井篤志氏（ソーシャルファームさんじょう提供）　　写真4　菊池雄氏（本人提供）

こし協力隊に応募した。会津の赴任が、スポーツ関係人材が下田地区に集まるようになったきっかけである。会津に続く芦田仁や永井篤志は、ソーシャルファームさんじょうが掲げるビジョンに加えて、会津の活動を知って応募してきた。菊池雄は、東京オリンピックを狙う現役のBMXレーサーである。世界を転戦するための拠点を下田地区に定め、地域に応援してもらいながら活動している。

　三条市下田地区にはアスリート／元アスリートを中心に、スポーツまちづくりに関連する人材が集まるが、なぜ、こうした「若者」が特に／ほかでもない下田地区に集まるのだろうか。

　理由の1つ目は、地域おこし協力隊の制度を活用することで、三条市やソーシャルファームさんじょうが隊員の人件費や活動費を負担しなくてもいいため勧誘しやすい、という点である。地域おこし協力隊員の活動に要する経費には特別交付税措置をとるために、隊員の人件費や活動費の負担は実質的にゼロになる。地域おこし協力隊として赴任するつもりがある人材であれば、多くの場合、三条市下田地区での活動に誘うことができる。

　2つ目には、ソーシャルファームさんじょうのビジョンが明確かつ時代

性をもったものだからだ。地域活性化や地方創生が社会課題となるなかで、中山間地域には代表的な課題が山積している。少子高齢化、人材流出、空き家、仕事や雇用の創出、潜在的な観光資源などをもっていてもそれを活用できていない、などである。そうした中山間地域をスポーツを用いて活性化しながら、その取り組みを通じて人材を育成して、アスリートのセカンドキャリア形成（次のキャリアに進むための準備機会の創出）に寄与したいと考えたのである。ソーシャルファームさんじょうが掲げるビジョンとそれを実現する具体的な活動が動きだしていることに対して、アスリートとしてそこに参加したいと思う人が現れ、同時に、そうした取り組みに協力したいと思う人が現れてきた。

　特に重要なのは、自分自身は地域おこし協力隊として赴任するわけではないが、ソーシャルファームさんじょうのビジョンや取り組みに共感して、関心がある人材を紹介する人たちの協力を引き出していることにある。三条市下田地区に赴任する可能性がある地域おこし協力隊を、三条市下田地区で活動している人たち自身が「一本釣り」で連れてくることは簡単ではない。しかし、各種目のアスリートにネットワークをもつ人材に協力してもらえれば、三条市下田地区の取り組みに関心をもちそうな人材を紹介してもらうことで、該当する人材を見つけられる可能性はぐっと高まる。

●コンテンツの探求とサッカー合宿のスタート

　スポーツで地域活性化を志向しながら、それをビジネスにつなげていくことは、当然ながら簡単ではない。表2は、下田地区でソーシャルファームさんじょうが展開してきたスポーツまちづくりの活動経緯である。

　下田地区で地域活性化に向けた取り組みも緒についたばかりの2015年、会津らは、当初、下田地区に広がる広大な山林を利用したトレイルランを事業展開のコンテンツとしたが、ビジネスモデルを検討していくなかで断念した。下田地区ではすでにトレイルランのイベントを実施するトレイルランナーズ（活動拠点は隣接する見附市）が活動していたし、その運営を仕事の一部にしようと考えていくと、発展的な事業モデルを描くことが難しかったからである。

　その後、下田地区内の資源を見直すなかで少年向けのサッカー合宿の開催を模索していく。下田地区には、大人数を安価に収容できる宿泊施設は

第5章　外発的開発のエネルギーを生かす！

表2　ソーシャルファームさんじょうが手がけるスポーツまちづくりの活動年表

時期	事柄	地域との関係
2014年秋ごろ	下田地区を活性化するためのNPO法人の設立準備	
2015年4月	NPO法人ソーシャルファームさんじょう設立	
2015年5月	三条市　地域おこし協力隊の募集開始	
2016年7月以降	2016年シーズンサッカー合宿スタート　4チーム　120人の受け入れ成功	農業体験、渓流遊び、地元の太鼓体験、相撲体験、カヤックなどのレイクスポーツ体験、川遊び体験などで地域の関係組織などの支援を受ける
2016年8月	大学野球サマーリーグ参加大学生120人が下田地区の4つの公民館に2日滞在	4地区に公民館貸与に向けての協力を仰ぐ。エアコンの新設、畳の張り替えなどを実施してもらう
2016年10月	下田地区の小学校向けサッカー巡回教室開始	下田地区の小学校に協力を仰ぐ
2017年4月	BMX授業　体験会開始	下田地区の小学校に協力を仰ぐ
2017年4月	下田地区の唯一のサッカークラブ（エストレヤ下田）の創設	
2017年6月	2017年シーズンサッカー合宿スタート　9チーム　350人の受け入れ成功	2016年と同じ内容
2017年8月	大学野球サマーリーグ参加大学生60人が下田地区の公民館に2泊滞在	2016年と同じ内容
2018年6月	2018年シーズンサッカー合宿スタート　500人の受け入れを予定	
2018年8月	大学野球サマーリーグ参加大学生250人が下田地区の7つの公民館に2日から3日滞在予定	追加で公民館利用に協力する地区を募る

なかった。そこで、会津らは、各地区（複数の町内会が集まった程度の範囲の地区）に点在する公民館に注目した。公民館であれば大学生でも30人から40人が滞在可能である。また、旧荒沢小学校での滞在も可能であり、土のグラウンドを緑化することで拠点として用いることにした。

　さらに、漁協からの協力を得て渓流遊びができるようにしたり、農家に協力を得て農業体験を可能にしたりなど中山間地域が強みとする体験が提供できるようにした。大沼ダムではカヌーやカヤックの体験も可能である。ここに、地元の相撲愛好家の協力を得た相撲体験を組み合わせるなどして、下田地区独自の合宿プランを練っていった。

　首都圏向けの中山間地域体験滞在型のサービスは、例えば、群馬県みな

かみ町の取り組みなど一定の成功を収める先行地域が存在している。そうした成功事例のいい要素に学びながら、下田地区の強みが発揮できるものとして、少年サッカー向けの合宿を企画していったのである。

　サッカーに特化してスポーツまちづくりを推進していくことが決まるなかで、それらの取り組みに関心をもち、競技経験をもつ芦田や永井などの人材が、地域おこし協力隊として赴任するようになった。元Jリーガーとして活躍していた永井が地域おこし協力隊として合流したことは、サッカーを起点にさまざまな活動をおこなううえで重要であり、協力者を広げていくことや優れた指導プログラムを展開することが可能になった。Jリーグクラブが実施しているような地域の小学校への巡回のサッカー教室も永井の赴任によって本格化し、2017年度は5校で35回の巡回教室を展開している。17年には地元の少年サッカークラブの運営を引き継いでサッカークラブ「エストレヤ下田」を立ち上げ、38人の部員数を抱えるまでになった。

●大学野球サマーリーグでの地区公民館の利用

　地区公民館では、第2章で紹介した大学野球サマーリーグで三条市に滞在している選手も受け入れている。2016年と18年は参加した全選手が地区公民館（写真5）に分かれて滞在した。大学野球サマーリーグでは、地域との交流を通じて貢献をおこなうことを目的のひとつに掲げている。16年は、地元住民との交流を図ることを狙いに、トライアル的に下田地区の公民館に宿泊することになった。全4チームが、荒沢地区、名下地区、北五百川地区、櫟山地区の地区公民館に滞在した。選手はゲームを終え、下田地区内の温泉複合施設「いい湯らてい」で風呂と食事をすませ、地区公民館に戻るのが19時を過ぎる。地元住民とゆっくり交流する時間はなかったが、例えば、地区公民館の駐車場でおこなわれる地元の小学生の朝のラジオ体操に合流したり、北五百川地区では棚田を管理する農家から夜食のおにぎりを差し入れしてもらったり、選手の洗濯物を公民館周辺の住民が手助けすることもあった。各公民館を一晩利用するための費用は2万円に設定されている。布団などはレンタル、朝食は下田地区内の仕出し屋に依頼して用意してもらった。17年は6チーム中2チームが下田地区に滞在した。18年は全7チーム、約250人の学生が下田地区に滞在した。

　2016年、各地区公民館を滞在施設として利用可能かどうかの打診はサ

第5章　外発的開発のエネルギーを生かす！

写真5　名下地区の公民館（1階に20畳、2階に40畳の部屋がある）（筆者撮影）

写真6　荒沢地区公民館2階の55畳の部屋（筆者撮影）

マーリーグの半年ほど前から進められた。各地区の会議（町内会の会長が集まる会議）では、受け入れの可否に加えて、設備の更新などを話し合っている。山間の地域とはいえ標高は100メートル程度だから夜も気温が十分に下がらないので、大学生の滞在を機にエアコンを設置したり、畳を張り替えたりした公民館もあった。

3 下田地区のスポーツまちづくりとしての可能性

　ソーシャルファームさんじょうは「ひとづくり」をミッションに掲げ、スポーツまちづくりの展開は「ひとづくり」にドライブをかけていくきっかけという位置づけである。アスリートや元アスリートは下田地区での取り組みを経て成長し、次のキャリアに進んでいくことが期待されている。スポーツまちづくりに向けた取り組みは、地域おこし協力隊やしただ塾、大学との連携によって人材の循環を促している。そして、そのなかで育った事業が自立していけば、ソーシャルファームさんじょうのスピリットを体現する活動が増え、さらに多くの人を下田地区に引き付ける。

　下田地区のスポーツまちづくりの挑戦は始まって3年程度であり、発展途上の段階にある。スポーツまちづくりの「事業性」は、総務省の地域おこし協力隊の制度によっている面が大きい。サッカー合宿も事業自体は黒字だが、「仕事」にするためには、より多くの合宿者を下田地区に呼び込む必要がある。そのためには、合宿などを誘致するための基盤となるサッカー場などの施設が不可欠になってくるが、まだ整備できていない。会津らは、2018年に入ってから、三条市下田地区で作ったモデルをほかの地域に適用することに取り組んでいる。

　スポーツまちづくりを駆動させるスポーツインフラは、地域おこし協力隊として赴任して地域貢献や事業創造に取り組むアスリートや下田地区に滞在する強豪大学野球部（トップチーム）などだ。さらに、スポーツ合宿の場になっている公民館や学校もスポーツインフラとして機能している。公民館に小学生や大学生が滞在することで地域住民の意識が変わって、大学野球サマーリーグでは地域住民がスタンドで応援したり選手を物心両面で支えたりする前向きな状況も生まれている。

　地域おこし協力隊として赴任して地域の人々と交流していくと、地域住

民はいわゆる地域活性化で求められるような「変化」を求めていない場合も多い、という現実に直面する。外部から見た下田地区は少子高齢化と人口流出が進み、何かをしなければその流れを止められないという意味で「変化」しなければいけない場所だ。しかし、地域住民にとっては、「若者」が地域行事の手伝いや祭りの盛り上げ役を担うことはありがたいが、日常生活に「変化」を生むような取り組みには億劫になりがちだ。自分たちが日常的に利用し、憩いの場としている地区公民館を、土日祝日、都市部からきた少年サッカークラブや大学野球部に貸し出すことは、日常の生活空間に外部者が入ってくるという「変化」を生み出す。

そうした「変化」をもたらすためのハードルを超えていこうとするとき、下田地区では、アスリートやトップチームの存在が「トリガー」になってきた。地域を、彼らの理解者・支援者に変えていくことで、スポーツまちづくりに巻き込み、地域側の「変化」を少しずつ促してきた。

新たなスポーツインフラを育てるなかで、ネットワークも広がりを見せつつある。スポーツインフラとそれを支えるネットワークを育てるなかで、スポーツまちづくり人材の集積と循環を両立させて事業性を確保していくことが課題となる。

より深く学びたい人へ

▶金子郁容／松岡正剛／下河辺淳『ボランタリー経済の誕生――自発する経済とコミュニティ』実業之日本社、1998年
　伝統的な共同体（第3章掲載）がどのように祭りをおこない、温泉源や森林を守るのか。そうした内容を理解したうえで、よそ者が持ち込むスポーツがそうした伝統的な共同体にどのような影響を与えるのか考えてみるといいだろう。

注

（1）地域おこし協力隊とは、都市地域から過疎地域などの条件不利地域に住民票を移動して生活の拠点を移し、地方公共団体から「地域おこし協力隊員」として委嘱された者の活動を指す。隊員は、一定期間、その地域に居住して、地域ブランドや地場産品の開発・販売・PRなどの地域おこしの支援や、農林水産業への従事、住民の生活支援などの「地域協力活動」をおこなう。地域おこし協力隊取り組み自治体に対し、隊員の報償費と活動費のため1人あたり400万円上限で特別交付税が措置される。

第6章

ネットワークで
あれもこれも生かす！

組織を超えるネットワークが支えるスポーツまちづくり
岡山県岡山市の事例

高岡敦史

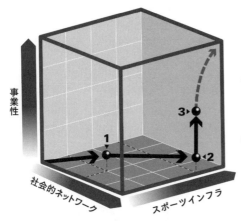

1. SPOC研究会設立以前、経済界を中心としたスポーツまちづくりに向かう社会的ネットワークはすでに形成されつつあった。
2. 研究会設立によって、社会的ネットワークが大幅に拡大し、プロ・クラブなどをスポーツインフラと捉える機運が育まれた。
3. SPOC機構設立などによって、スポーツまちづくり事業が公式組織によって展開されるようになった。

ハイライト

- プロスポーツクラブの誕生・発展に呼応した経済人の支援と、地元大学の社会連携の動きがつながり、地域振興政策を受容して地域経済への危機感に対処するため、スポーツを生かした地域活性化・まちづくりに関する対話のテーブルとなる研究会（おかやまスポーツプロモーション研究会）が生まれた。
- スポーツまちづくりの研究会は、参加の手続きも参加費も必要なく、財源もない任意団体である。研究会の運営や議論は自由でボランタリーな文化を維持していて、「来る者拒まず」スタイルで、人が人を呼び規模を拡大し続けている。産・官・学・金・言の各組織・団体の現場意思決定レベルのメンバーが集って情報を共有し、知恵と汗を出し合うことで、スポーツまちづくりのインキュベーションとネットワーキングのプラットフォームとして機能している。
- 研究会の一部メンバーが、必要に応じて組織・人材を集めてスピンオフプロジェクトを立ち上げることで、具体的で公的なスポーツまちづくりの取り組みを進めている。
- スポーツまちづくりの取り組みをより公的で持続可能なものにするために、事業性を確保するための組織づくりやスポーツまちづくりに柔軟かつ自由に活用できるハードインフラ（スポーツ施設）の整備を地域全体の公的組織の立ち上げによって着手している。

　組織を超える人と人のつながりが70万人規模の都市の空気を変える――そんなスポーツまちづくりが動きだしている場が岡山県岡山市にある。

　本章では、産・官・学・金・言・スポーツの多組織協働によってスポー

ツまちづくりを展開するための、インキュベーション（関係者の動機付けや能力開発）とネットワーキング（つながりの創出）を担う場（プラットフォーム）になっている「おかやまスポーツプロモーション研究会」の成り立ちと、そこから具体的なスポーツまちづくりが起動していくプロセスを紹介する。

この研究会では、「おかやまスポーツプロモーション」の英語表記を「Sports Promotion for Okayama Community」として、その頭文字をとって、略称をSPOC（スポーク）研究会とした。研究会は設立当初から、岡山市をはじめとした県内各地域でスポーツまちづくりに関わるさまざまな主体が、対話を通してスポーツまちづくりの方向性を共有しながら、互いに知恵と汗を出し合い前進していくことを目指していて、各主体がポジティブな緊張関係でつながる「自転車のホイール」のような運動体をイメージしていて、実のところ「スポーク」という呼び方が先に決まった[2]。以下では、SPOC研究会と略記する。

本章の内容は、筆者自身が当事者として関わったSPOC研究会とスポーツまちづくりの実践である。

1 おかやまスポーツプロモーション研究会が立ち上がった背景

SPOC研究会は、経済界やスポーツ界、国立大学、マスメディアなどから、地元岡山市のスポーツを活用して地域を活性化したり、まちづくりを動かそうという機運が育まれた結果、2014年10月に立ち上がった。

創設に至る機運が醸成された重要な波は3つある。第1の波は、岡山市をホームタウンとするプロスポーツクラブの誕生・発展とそれに呼応した経済人集団による支援、第2の波は、地元国立大学が前のめりに進めた地域との連携・協働、第3の波は、地方創生政策の受容と岡山市の経済的危機感の芽生えである。

●スポーツまちづくりの機運醸成の第1波──プロスポーツクラブの誕生・発展

現在、岡山市には市民や多くの地元企業によって支えられる地域密着型のプロスポーツクラブが複数ある。岡山市をホームタウンとするクラブには、まずサッカーJ2リーグのファジアーノ岡山と女子バレーボールVリー

グの岡山シーガルズがある。バスケットボール3×3.EXEに参戦しているTRYHOOP OKAYAMAは、2018年現在、5人制バスケットボールの地域リーグに参戦し、Bリーグ参入を目指している。卓球Tリーグの岡山リベッツは18年5月に設立されたばかりである。

　2006年以前の岡山市はプロスポーツ不毛の地だった。岡山シーガルズが誕生したのは06年である（1999年の東芝シーガルズ廃部から富山県黒部市に移転したあと、2005年岡山国体に向けて01年11月に岡山へ招聘され、06年4月に岡山シーガルズが誕生）。ファジアーノ岡山がJリーグに昇格したのは09年、TRYHOOP OKAYAMA.EXEの設立は15年である。

　しかし、プロスポーツが立ち上がりはじめたことだけがスポーツまちづくりのスタートではない。経済人（特に、岡山商工会議所青年部〔岡山YEG〕の当時の会員）が中心になって2008年に結成した「チーム岡山球団設立推進委員会」は当初、プロ野球チームを作ろうという運動をほそぼそながらも展開していた。当初から代表を務めていた梶谷俊介（岡山トヨタ自動車株式会社代表取締役社長）は、スポーツを生かした岡山の活性化の具体策を探していた。当時の岡山YEG有志の野球・ソフトボール熱や四国地方で野球独立リーグが創設されたことはその糸口のひとつだったが、プロ野球球団を創設することは難しかった。その間に、岡山シーガルズの活動が定着し、ファジアーノ岡山が地域リーグからJFLへ、そしてJ2へと昇格していく。また、県北部・美作市湯郷地域では女子プロサッカークラブ岡山湯郷ベルがトップリーグで活躍し始めていた。そのような状況にあって、チーム岡山球団設立推進委員会は、県内のプロスポーツに対する横断的支援と地域活性化を図る方向へと舵を切り、10年からNPOチーム岡山スポーツクラブ・県民後援会へと移行した。こうした動きは少しずつ経済界に周知されるところになり、経済界にスポーツ支援の機運が生まれた。

　2006年以降のプロスポーツクラブの相次ぐ誕生とその後の発展は、スポーツが岡山市民の生活を彩り、まちへの誇り（シビック・プライド）の源泉になりうることを広く市民に気づかせた。同時に、スポーツが域外から集客する力をもっていて、経済活性化に資する可能性があり、岡山市のシティープロモーションに機能することを経済界や行政に気づかせた。プロスポーツクラブをまちづくりに生かそうという機運は少しずつだが確実に広まり、高まっていった。

● スポーツまちづくりの機運醸成の第2波──地元大学の地域との連携

スポーツまちづくりの第2波は、国立大学の地域密着・社会連携の動きである。

岡山大学は2011年4月に大学と都市・地域が共同して「学都」を創生する方針を打ち出し、同年11月に地域総合研究センターAGORAを設置して社会連携による教育・研究を本格化させた。大学教職員・学生と地域の人々との対話の場づくりとして、まちなかキャンパスを中心市街地に開設したのは12年6月である。スポーツ経営学を研究領域とする大学教員（筆者）は、岡山大学のまちなかキャンパス事業の一環として、「ファジアーノ岡山を語る会」（2013年1月）、「ファジ・フォーラム」（2013年5月）、「スポーツと地域活性化」（2013年6月）、「ホームタウン・フォーラム」（2013年7月）、「岡山のスポーツを考える会」（2013年11月）、「おかやまスポーツ・コンベンション構想」（2014年3月）と立て続けに勉強会を開催した。ここには前出の梶谷をはじめとするチーム岡山スポーツクラブ・県民後援会のメンバーだけでなく、ファジアーノ岡山や岡山シーガルズ、岡山湯郷ベル、FC吉備国際大学シャルム（岡山県高梁市をホームタウンとする女子サッカークラブ）のフロント関係者も参加していた。

筆者と勉強会の参加者は、岡山のスポーツを生かした地域活性化を模索した。大学がスポーツをはじめとした地域活性化に参画するようになったことで、それまで関係がもちにくいと思われていた大学に対するイメージは少しずつ変化していき、大学教員と経済人、スポーツ関係者が、地域活性化やまちづくりというテーマで積極的に対話するようになり、公私ともに関係性を密にしていった（つまり、ともによく学び、よく語り、よく飲んだ）。この関係構築から、所属する各界（経済界や大学界など）の論理をいったん脇に置いて、岡山という地域のあるべき方向性と、そこへ向かうスポーツまちづくりのあり方を、「寄って集って」それぞれがもっている知（経験知や理論知）を出し合って探すという多主体対話の渦が生まれた。この渦には、少しずつだが確実に新しい仲間が巻き込まれて増えていった。SPOC研究会の芽生えである。

● スポーツまちづくりの機運醸成の第3波──地方創生政策の受容

2013年と14年は、地域政策を動かすショッキングワードが相次いで登場した年だった。13年3月、国立社会保障・人口問題研究所は地域別将来

推計人口を示し、「消滅可能性都市」という流行語を生み出した。14年9月には国家的な地域政策を表す「地方創生」が登場した。地方創生政策を受けた岡山でも、人口減少に歯止めをかけ、経済を活性化すべく、行政だけでなく、経済界や大学も動きだした。

そして、地方創生政策登場の3カ月後、岡山駅のすぐそばに中心市街地型の大型ショッピングモールがオープンした。大型ショッピングモールは県外からも多くの消費者を集める一方で、周辺商業施設や商店街から客を吸い上げる可能性も高いことから、経済界でもその出店に対する賛否は分かれていた。このことが、地方創生政策の受容と重なって、岡山市の地域活性化の方向性に関する議論を活発にしたことは間違いないだろう。地域活性化やまちづくりを産・官・学・金・言の体制で進める必要があるという認識が育まれたのは、地方創生政策の受容と学びによるものだった。

そして機は熟した。2014年10月、有志がSPOC研究会をスポーツを生かした地域活性化・まちづくりの研究会として創設した。

創設時点のメンバーでは、岡山経済同友会（地域振興委員会）、岡山商工会議所（スポーツ支援委員会）、岡山青年会議所、岡山市内に本社を置くすべてのテレビメディア各局、地元最大手新聞社である山陽新聞社、岡山シーガルズ、岡山大学から集まった有志25人だった。研究会代表は、岡山経済同友会地域振興委員会委員長（当時）だった梶谷である。

2 おかやまスポーツプロモーション研究会の運営

SPOC研究会は、創設以後、毎月1回2時間の定例会（18―20時）を開催している。「来る者拒まず」のスタイルが現在に至るまで貫かれていて、新聞やテレビによる研究会の活動に関する報道や公式「Facebook」[3]による情報発信を受けた参加者だけでなく、一度でも参加したことがある者が知人を誘う「人が人を呼ぶスタイル」での参加者もいて、2018年11月時点で参加経験者は150人を超え、いまもなお増え続けている。

各回のSPOC研究会の参加者数は40人程度である。会場は、机を島形に設えて座席は自由席としている。机と椅子の並べ替えや片付け、資料の配布はその場にいる者がおこなう（写真1）。

メンバーの管理や開催通知、会場の予約、飲み物の用意などは、チーム

写真1　SPOC研究会（定例会）の様子（筆者撮影）

岡山スポーツクラブ・県民後援会のメンバーでもある廣野景治（iプランニングKOHWA代表取締役社長）によってボランタリーにおこなわれている。また、定例会での発表内容は、筆者が企画・募集を担当している。すべての報告は有志・無償であり、自ら望んで報告する者もいれば、筆者が依頼する者もいる。発表内容は、スポーツまちづくりに関係するさまざまな取り組みや関連情報である。2018年11月時点でSPOC研究会は51回を数えていて、毎回3、4件程度の報告があり、発表は100件を超えている。これまでに発表された議題を内容別にみると、岡山で展開されているスポーツまちづくりの実践報告が最も多く（24パーセント）、

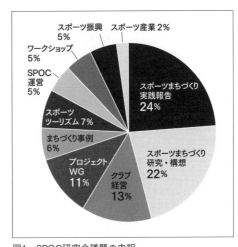

図1　SPOC研究会議題の内訳

写真2　SPOC研究会・懇親会の様子（筆者撮影）

ついでスポーツまちづくりのあり方や戦略を研究・構想する内容（22パーセント）、プロスポーツクラブやアマチュアクラブの経営に関わる内容（13パーセント）、SPOC研究会から立ち上がったプロジェクトWGの取り組みや報告（11パーセント）と続く。

各発表に対して参加者が自由に質問や意見を出して議論が展開する。参加者の発言は、おのずと所属する組織・団体の関心に沿ってなされるため、ひとつのトピックについて多角的な視点で議論が展開することになる。例えば、プロスポーツ関係者からは取り組む企画のポイントや集客策に関する質問が、行政関係者からは関連する政策に関する情報提供が、観光関係者からは企画内容や予算規模、集客策についてのアドバイスが提供されるといった具合である。自由かつ多角的な議論こそ、SPOC研究会が大切にしている「場」の空気なのだ。

また、2時間の研究会後は必ず懇親会（会費制）を催していて、その参加率は当日の研究会参加者の8割を超える。そこでの対話はまさに異業種交流会のそれであり、2時間の研究会で火がついたスポーツまちづくりの議

論にまきをくべる場になっている（写真2）。

　SPOC研究会は法人格ももたず、財源もない。このことは、議論から生まれた具体的なスポーツまちづくりを公式的な事業として展開できない「足かせ」になっている。しかし、この「足かせ」は意図的なものである。SPOC研究会が重要視しているのは、具体的なスポーツまちづくりの事業展開ではなく、各組織が保有する情報・知識の共有を促進し、関連組織でのスポーツまちづくりに着手しようとする機運を高め、組織を超えて人と人をつなげ、各人の意識や知識、スポーツまちづくりを組織間の協働によって推進する資質・能力を育てることだ。そういう意味で、SPOC研究会は、スポーツまちづくりの基盤となるインキュベーションとネットワーキングのプラットフォームと定義できる。

3 事業化を起動させるスピンオフ

　SPOC研究会はプラットフォームであり、スポーツまちづくり事業を展開する組織ではない。それは、研究会がボランタリーに運営され、自由かつ多角的な議論を許容するうえで重要なことである。しかし、2020年東京オリンピック・パラリンピックの開催が近づいてくるにつれ、具体的なスポーツまちづくりの取り組みへの期待が日増しに強くなっていた。そこで、研究会設立から約半年たった15年4月頃から具体的な取り組みの企画と実践をSPOC研究会の「外」に出して、研究会のメンバーの一部と必要な関係者によって派生的・遠心的にプロジェクトを立ち上げることにした。

●スポーツイベント時のまちの回遊性向上プロジェクト

　2015年、岡山市はバレーボール・イヤーと呼ぶにふさわしい1年だった。5月30・31日両日には全日本男子ワールドカップ、7月3日から3日間はVリーグ・サマーリーグ女子西部大会、8月30日からの3日間は女子ワールドカップ（Bサイト）が開催されることになっていた。3大会の観客動員数の見込みは3万6,000人であり、そのうち宿泊者は1万5,000人という見積もりだった。10月末からのVプレミアリーグの開幕も控えていて、前年の2014／15シーズンにファイナル6まで進出して4位に終わった地元・岡山

シーガルズの活躍が期待され、バレーボールというスポーツや岡山シーガルズのスポーツインフラとしてのポテンシャルが大いに高まっていた。

　そこで、岡山シーガルズの高田さゆりマネジャーやおかやま観光コンベンション協会の青山昌史部長をはじめとしたSPOC研究会メンバーが中心になって、奉還町商店街振興組合や（岡山駅の）西口活性化協議会を巻き込み、V・サマーリーグ女子西部大会の開催に合わせて観戦者対象の期間限定クーポン券付きの「岡山駅西口エリア飲食店絵巻」（以下、クーポンマップと略記）を無料配布するという、試合会場である桃太郎アリーナ（当時。現ジップアリーナ）が位置する岡山駅運動公園口エリアのまちなか回遊促進プロジェクトが立ち上がった。彼らは個店を一軒一軒回って割引サービスを取り付け、当該エリアマップのデータを立ち上げてクーポンマップ（写真3）を制作し、協力店舗に歓迎用ポップ（写真4）を貼り出してもらった。クーポンマップやポップの制作費にはおかやま観光コンベンション協会の自主事業（文化・スポーツコラボレーション事業）の予算が投入されて、企画・制作・配布に関わる仕事はプロジェクト・メンバーのほか、SPOC研究会メンバーができることをした。

　大会来場者5,000人に配布したクーポンマップの店舗利用率は4パーセント程度にとどまったものの、実験的取り組みとしては、マップデータとノウハウが蓄積できたことを含めて、意義深いものだったと言えるだろう。この取り組み以降、スポーツイベントの開催のたびに、同様の回遊促進プロジェクトのアイデアが浮上している。

　また、このプロジェクトはクーポンマップの制作・配布にとどまらなかった。SPOC研究会の経済界のメンバーからのアイデアで、大会中日（7月2日）には参加10クラブのフロント関係者と岡山の経済界（岡山商工会議所、岡山経済同友会）や行政（岡山県スポーツ振興課、岡山市スポーツ振興課と観光コンベンション推進課）、バレーボール界関係者（Vリーグ機構、岡山県バレーボール協会、出場10チームの部長・監督・コーチなど）による情報交換会を開催した。また大会最終日（7月3日）には、学生スポーツまちづくりサークル（おかやま百年構想）の提案で、岡山シーガルズのファンや地域住民を招いた「シーガルズを語る会」と「シーガルズ写真展」が地元・奉還町商店街内で開催され、岡山シーガルズのコーチやスタッフのほか、およそ50人のファンや地域住民が集まった。このときの飲食物は商店街内の食堂が準備した（写真5）。

第6章　ネットワークであれもこれも生かす！

図2　クーポン券付きの「岡山駅西口エリア飲食店絵巻」（クーポンマップ）

図3　協力店舗に貼り出したポップ

写真3　岡山シーガルズを語る会・シーガルズ写真展（筆者撮影）

●そのほかのスピンオフプロジェクトと持続可能性に関する課題

　そのほか、SPOC研究会が育んだネットワークによって成立したスピンオフプロジェクト⁽⁵⁾は次のとおりである。

- ファジアーノ岡山がホームスタジアムにしているシティライトスタジアム周辺のホームゲーム時の渋滞緩和プロジェクト。ファジアーノ岡山、国土交通省岡山国道事務所、岡山大学、デザイン会社など

が参画し、ホームゲーム開催日と非開催日の交通渋滞データの収集と渋滞緩和施策（自動車による来場から公共交通機関や自転車・徒歩などによる来場に行動変容してもらうためのFAGI WALKERプロジェクトを構成する「プロジェクト11」⁽⁶⁾）の展開と効果検証の研究をおこなっている。

- 岡山市を活動拠点とする障がい者トップスポーツ・アスリートのPRや海外の国代表選手・チームの合宿誘致支援などをおこなう「おかやま障がい者スポーツ支援協議会」の創設。岡山南ロータリークラブとNPOハートオブゴールドの支援を受け、岡山市スポーツ振興課、岡山県障害福祉課、岡山県障害者スポーツ協会、現役のパラ・スポーツアスリートなどがメンバーとなっている。トップアスリートをPRするパネルと動画の制作と各種イベントでの展示、岡山市とハートオブゴールド、トップアスリートが主導したカンボジアの車いす陸上代表選手の合宿誘致の支援、岡山市でのパラ・アスリート発掘プロジェクトなどを企画・展開している。
- 県内の学校運動部活動の民間活力による支援体制を構想する「おかやま運動部活動検討委員会」の創設。岡山県教育庁保健体育課がスポーツ庁の実践研究事業に採択されたことで開始し、岡山県経済団体連絡協議会、岡山経済同友会、岡山商工会議所、県教育庁保健体育課、県中体連、県高体連、県中学校・高等学校校長会、県私学協会、県PTA連合会、岡山大学などが参画している。主体となるのは行政だが、経済団体の参画はSPOC研究会のつながりが基盤になっている。

スピンオフプロジェクトは、SPOC研究会が生み出しているソーシャルキャピタルと岡山シーガルズやファジアーノ岡山、障がい者トップアスリートをはじめとしたスポーツ資源の、各プロジェクトに協調的で活用可能性があるスポーツインフラとしてのポテンシャルをエネルギー源にしている。しかし、いずれのプロジェクトも、財源は「お金を出せる団体」（国や県・市からの補助金・委託費を受託できるということも含む）が拠出していて、事業性の確保やプロジェクトの持続可能性については十分に検討できているとは言えない。

4 | SPOC研究会がプラットフォームに なりえた理由

　SPOC研究会の創設プロセスは前述したとおりだが、「来る者拒まず」のスタイルやボランタリーな運営、自由な議論を許容する規範は、SPOC研究会創設を主導した中堅経営者が育んできたものである。

●まちづくりに関わる人を育てる経済人のネットワーク

　SPOC研究会の立ち上げ当初から参加している梶谷や廣野、延原正浩（岡山商工会議所スポーツ支援委員会委員長〔2018年現在〕、マルシン物流代表取締役社長）は、岡山青年会議所（以下、岡山JCと略記）や岡山YEGを基盤につながり続けてきた中堅経済人である[7]。彼らは、岡山JCや岡山YEGでのさまざまな地域活性化の取り組みや1994年に始まった岡山市の夏祭りである「うらじゃ」の創始と継続などで経済界と行政、メディア、地域などのネットワーキングと、連携・協働の成功体験と失敗体験を蓄積してきた。彼らはその過程で、岡山のまちを活性化するための多主体協働の意義とその方法を体験的に学び合っていて、それが現在の若い経済人にも受け継がれている。この経済人たちが数十年にわたって構築してきたまちづくりのインキュベーションネットワークがスポーツまちづくりに転移したのがチーム岡山スポーツクラブ・県民後援会であり、SPOC研究会創設の機運のひとつになった。

　そして、SPOC研究会が「人が人を呼ぶスタイル」で規模を拡大してきたことも、中堅経済人がこれまで育んできた組織を超える人と人のつながりを使って研究会の存在や意義を伝播して、参加を促してきたことが大きく寄与している。彼らが人を誘い、みんなに紹介することで、SPOC研究会が「来る者拒まず」の開かれた場であることを印象づけてきた。こうして、参加者が思い思いに自身のつながりで研究会のことを伝え、研究会に参加することで何らかの学びを得られると思う知人を誘って同伴し、研究会に参加している別の者とつなげたりすることで、SPOC研究会は異業種交流の場としても機能している。

　SPOC研究会は、中堅経済人によって育まれてきたまちづくりのネットワークに支えられて生まれ、規模を拡大してきた。しかし、研究会が中堅経済人だけのネットワークに閉じることなく、岡山を活性化したい、スポ

ーツやまちづくりについて学びたいと思う多様な人たちが、自由に集い、つながることを許容している姿勢が、SPOC研究会がネットワーキングとインキュベーションのプラットフォームになりえている理由だろう。

● プロスポーツクラブの地域密着エンパワーメントとスポーツインフラ化

地元プロスポーツクラブは、集客力と地域活性化のポテンシャルをもっていて、経済界や行政からの期待も大きい。岡山シーガルズやファジアーノ岡山は、SPOC研究会創設時にすでに地域活動を積極的に展開していたが、その理念や活動内容は各クラブが独自に考えていて、地域活動に対する理解や支援もそれぞれが別々に努力して獲得していた。

SPOC研究会では、両クラブから地域活動に関する情報が提供され、参加している多様な組織に共有される。それにより、各クラブの地域密着・貢献のあり方や活動の内容を検討の俎上に載せたり、支援が集まったりすることもある。クラブが独自の努力で実施していた地域活動がSPOC研究会のネットワーク上で共通の課題になっていくのである。この両クラブの地域活動への後押しや理解の醸成が、次なる地域活動を促進し、クラブの地域密着の度合いと地域活性化のポテンシャルを高めていくこと（地域密着エンパワーメントと呼びたい）につながっていった。

さらに、SPOC研究会は2015年以降のTRYHOOP OKAYAMA.EXE（3×3.EXE）とTRYHOOP OKAYAMA（Bリーグ）、岡山リベッツ（Tリーグ）の創設と地域密着という理念構築にも少なからず影響を与えた。各クラブの代表者（経営者）はその創設が公表される以前からSPOC研究会に参加していた。彼らはもれなく、「SPOC研究会という場がある岡山だから設立に踏み切れた」という趣旨の発言をしている。もちろん、スポンサーになりうる経済人や、パートナーにすべき行政やメディア各社も参加しているSPOC研究会は、新設クラブにとって効率的な営業活動のひとつだったことは確かだろうし、研究会参加者への気遣いも含まれているかもしれない。しかし、これらの新設クラブがすべて地域活動を展開し、（少数の企業によって経営基盤を支えてもらおうというのではなく）できるだけ多くの地元企業から協賛を得ようと努力する市民クラブを目指しているのは、岡山シーガルズとファジアーノ岡山がSPOC研究会で地域密着エンパワーメントされていることと無関係ではないだろう。いずれにせよ、地元プロスポーツクラブの地域活動を支援・促進し、地域密着をエンパワーするSPOC研究

会がある岡山市は、5つの地域密着型のプロスポーツクラブを有するまちになった。

5 事業性の確保とハードインフラの調達という2つの課題の解決

　スピンオフプロジェクトはいずれも、岡山シーガルズをはじめとしたプロスポーツクラブやトップアスリートがスポーツまちづくりに貢献してくれる（協調的である）というソフトインフラとしてのポテンシャルをもっていたことで起動し、SPOC研究会というプラットフォームがそのインフラを最大限生かそうとする取り組みと説明できる。しかし、前述したとおり、各プロジェクトは期間限定なもので持続可能性は確保されていない。法人格も予算ももたず、議論しているだけの研究会では、持続可能で実質的なスポーツまちづくり事業は展開させられない。SPOC研究会が広げてきた社会的ネットワークを基盤にして、公式的・組織的で事業性が担保されたスポーツまちづくりを展開させる必要があった。

　この課題に加えて、スポーツまちづくりの主体がさまざまな取り組みを柔軟かつ効果的に展開していくためには、自由かつ柔軟に活用できるスポーツ施設が必要だった。これまでは、プロスポーツクラブのホームゲームの開催や、岡山シーガルズによる海外ナショナルチームや国内トップチームの合宿の受け入れなどに際しては、クラブと行政が連携して公共スポーツ施設を利用してきている。しかし、公共施設としての県民・市民の利用と平等性の確保の原則から、アマチュアスポーツと同様に利用調整や事前予約が必要であり、ホームゲーム観戦の経験価値を高めるための柔軟な施設運用や、直前に受け入れが決まるようなスポーツ合宿に即時対応することが難しかった。岡山のスポーツまちづくりは、事業性の確保とハードインフラの調達という2つの課題を抱えていたのである。

●スポーツまちづくりの事業性確保

　まずSPOC研究会は、スポーツまちづくりの事業性の確保という課題の解決に着手した。課題解決に向けて、多主体協働と公式的な事業展開を成立させ、スポーツまちづくりの効果を大きくしていく地域スポーツコミッション組織としての「おかやまスポーツプロモーション機構」（以下、

SPOC機構と略記）の設立である。

　SPOC機構は、スポーツイベントやスポーツ合宿などについて、岡山市を中心とした県内の市町村にまで効果を波及させるための支援組織として構想された。県全体への波及効果を想定したのは、岡山市の県都としての役割、連携中枢都市圏の中核としての役割を引き受けるべきと判断したからである。その設立に際しては、設立検討委員会とその後の設立準備委員会で議論された。両委員会での検討段階から岡山経済同友会、岡山商工会議所、岡山県体育協会、岡山県スポーツ振興課と観光課、岡山市スポーツ振興課と観光コンベンション推進課、倉敷市スポーツ振興課、岡山大学、おかやま観光コンベンション協会が参加した。

　そして、設立委員会に参加した団体に加えて、岡山市に本社を置く新聞社・テレビ各局、環太平洋大学などが参画し、おかやま観光コンベンション協会内に事務局を置いて、2018年6月5日にSPOC機構は設立された。[8]

　SPOC機構の最大の特徴は、参加組織がスポーツまちづくりに「知恵と汗を出す」ことである。SPOC機構のすべての意思決定は、運営委員会と下部部会の協議によってなされる。参加組織は、スポーツまちづくりやイベント・合宿の誘致と開催の支援について知恵を出すことが求められている。そして、それらの事業実施に具体的に関わることが了解されている。地域スポーツコミッション組織は、一般的に関係団体・組織のトップ層が集うオーソライズ組織を頂点として、事務局となる組織が実務を担うことが多い。しかし、SPOC機構は、（その「おかやまスポーツプロモーション」という名称からもわかるように）関係者が「知恵も汗も出す」というSPOC研究会が育んできた規範を受け継いでいる。SPOC機構は、SPOC研究会がなしえないスポーツまちづくり事業を具体的・継続的に展開していくことで、岡山のスポーツまちづくりの事業性を担保していこうとしている。なお、SPOC研究会はこれまでどおり、インキュベーションとネットワーキングのプラットフォームとしての存在であり続け、SPOC機構の事業企画・展開の基盤になっていく。

● 柔軟なスポーツまちづくりに活用可能なハードインフラの調達

　残る課題は、ハードインフラの調達である。

　現在、プロスポーツクラブのホームゲームの多くが開催されているのは、岡山駅から徒歩20分圏内にある岡山県総合グラウンド内のスタジア

写真4　シーガルズ協議会設立（筆者撮影）

ムやアリーナなどである。総合運動公園としては、新幹線が発着する駅からの距離の短さは全国有数であり、集客力も高い。しかし、県立の公共スポーツ施設として県民による平等な利用が原則とされていて、興行としてのプロスポーツのホームゲームの利用料は高く設定されているし、ほかの競技団体との利用調整も必要である。また、その管轄は岡山県の（スポーツ振興課ではなく）土木部・都市計画課(9)であり、岡山市のスポーツまちづくりに柔軟かつ即応的に対応できる状況にはない。

　こうした課題がある一方で、岡山シーガルズがこれまで継続してきた年間200回以上のバレーボール教室や、海外ナショナルチームの合宿受け入れ（2018年7月のフィリピン代表チーム合宿など）、タイ国でのファン拡大（岡山シーガルズのスター選手応援サイトにはタイから7万人のフォロワーが集まっている）の実績に対して、行政や経済界からは高い評価と期待が集まっていた。しかし、誘致してきたバレーボール教室や合宿などを開催するためには公共スポーツ施設の借用が必要であり、会場確保に苦労していた。

　こうした岡山シーガルズへの期待とその課題は、SPOC研究会でもたびたび議論されていて、全国各地で着手されているスマートベニューの考え方に基づくスタジアム・アリーナ整備の動向を踏まえれば、岡山シーガル

ズのホームゲームやバレーボール教室の開催、合宿誘致などに柔軟に活用でき、こうした地域活動をスポーツまちづくりに生かしていくためのアリーナの建設が必要だ、という声が、スポーツまちづくりを推進しようとする経済界やSPOC研究会から出るようになった。

　その結果、2018年2月16日、岡山県経済団体連絡協議会が岡山市長に対して、岡山市役所本庁舎の建て替えと防災とまちづくりの拠点としてのアリーナ新設に関わる提言書を提出し、同年4月3日、産・官・学・金・言のトップを発起人として岡山シーガルズの活躍に向けた民間活力活用推進協議会（以下、シーガルズ協議会と略記）が設立された（写真6）。

　シーガルズ協議会は、岡山商工会議所を事務局に、常任理事会・理事会の下に実動部隊として幹事会を設け、さらにその下にアリーナ構想の基本コンセプトを立案する部会、岡山シーガルズのスポーツまちづくりポテンシャルをPRし、全市的な機運を醸成する部会、岡山シーガルズの組織改革を進める部会を抱える大規模な組織である。

　そして、シーガルズ協議会に参画している岡山大学が事業主体となり、スポーツ庁の「平成30年度スポーツ産業の成長促進事業（スタジアム・アリーナ改革推進事業：先進事例形成）」に応募し、2018年6月に委託先として選定された。いよいよ、スポーツまちづくりのハードインフラ整備を強力かつ具体的に進めるオール岡山の体制が実現しようとしている。今後、岡山市は、SPOC機構という新しいスタイルのまちづくり系スポーツコミッションによる事業展開と、アリーナ建設という国家的な政策に乗った派手な取り組みで注目を集めるだろう。しかし、これらの取り組みは2020年東京オリンピックに向けたものではない。岡山という地域の未来を持続可能なものにしようとする地域のまちづくりに向けたものである。これらを支えているのはSPOC研究会という自由でボランタリーなネットワーキングプラットフォームだ。スポーツで地域を活性化しようという持続可能な取り組みには、スポーツまちづくりへの願いやモチベーションを育む場が必要だろう。

表1　参考資料（筆者作成）

	SPOC研究会の回・議題
1	研究会の趣旨・これまでの経緯と今後の展望
2	岡山のスポーツコンベンションの概況
3	岡山シーガルズのクラブ経営の現状と課題、地域貢献活動
	岡山大学まちづくりサークル・おかやま百年構想の取り組み
4	岡山市のスポーツ振興に関する計画と取り組み
	スポーツツーリズムと地域活性化
5	日本政策投資銀行のスマートベニュー®構想
6	さいたまスポーツコミッション・高崎市新体育館建設プロジェクトの視察・ヒアリング
7	スポーツを活かした地域活性化に対する経済界のこれまでの取り組み
8	メディア各社のスポーツと地域に関する報道の取り組みと姿勢
9	スポーツまちづくりプロジェクト企画の立ち上げ
10	奉還町商店街活性化の取り組みについて
	スポーツを活かした岡山駅西口の地域活性化構想
	スポーツまちづくりプロジェクトWGの企画
11	SPOC研究会の組織体制について
	プロ野球自主トレ誘致企画
	スポーツまちづくりプロジェクトのワーキンググループ（WG）の組成
12	西口活性化協議会とSPOC研究会との連動
	スポーツまちづくりプロジェクトWG報告、WG別打合せ
13	スポーツまちづくりプロジェクトWG報告、WG別打合せ
14	今後のSPOC研究会運営
	スポーツまちづくりプロジェクトWG報告、WG別打合せ
15	岡山市におけるコンベンション振興分野の今後
	奉還町商店街における奉還町スポーツコモンズ（仮称）の提案
	スポーツまちづくりプロジェクトWG報告、WG別打合せ
16	ツネイシスポーツアクトについて
	今後のスポーツ振興とSPOC研究会のポジショニング
	奉還町商店街における岡山シーガルズ・タペストリー掲出について
	スポーツまちづくりプロジェクトWG報告、WG別打合せ
17	都市計画における住民の関与－地区計画制度と都市計画提案制度－
	SPOC研究会1周年シンポジウム企画
	スポーツまちづくりプロジェクトWG報告、WG別打合せ
18	スポーツコミッションの創設に向けて
	スポーツまちづくりプロジェクトWG報告、WG別打合せ
19	岡山市スポーツコミッション（仮称）に関する検討
	「地方創生」の実際
20	岡山シーガルズ全選手参加ワークショップの報告
	TRYHOOP OKAYAMA.EXEの現状と課題
	岡山市スポーツコミッション（仮称）に関する検討
21	【ワークショップ】岡山市スポーツコミッション（仮称）の基本構想
	インターハイ、プロ・クラブ連携などのプロジェクト企画WGの組成
22	【ワークショップ】おかやまスマートベニュー構想ブレインストーミング

報告・発表者	議題内容カテゴリー	報告・発表者カテゴリー
SPOC事務局	SPOC運営	SPOC事務局
おかやま観光コンベンション協会	スポーツツーリズム	観光
岡山シーガルズ	クラブ経営	スポーツ
おかやま百年構想（学生まちづくりサークル）	まちづくり実践報告	学生
岡山市スポーツ振興課	スポーツ振興	行政
岡山大学（教員）	まちづくり研究・構想	大学
岡山大学（教員）	まちづくり事例	大学
（視察）	まちづくり事例	全員
岡山商工会議所	まちづくり実践報告	経済団体・企業
メディア各社	まちづくり実践報告	メディア
岡山大学（教員）	プロジェクトWG	大学
奉還町商店街組合	まちづくり実践報告	地域
岡山大学（教員）	まちづくり研究・構想	大学
SPOC事務局	プロジェクトWG	SPOC事務局
岡山商工会議所	SPOC運営	経済団体・企業
おかやま百年構想（学生まちづくりサークル）	スポーツツーリズム	学生
岡山商工会議所	プロジェクトWG	経済団体・企業
西口活性化協議会	まちづくり実践報告	地域
各プロジェクトWG	プロジェクトWG	全員
各プロジェクトWG	プロジェクトWG	全員
SPOC事務局	SPOC運営	SPOC事務局
各プロジェクトWG	プロジェクトWG	全員
おかやま観光コンベンション協会	スポーツツーリズム	観光
岡山大学（教員）	まちづくり実践報告	大学
各プロジェクトWG	プロジェクトWG	全員
山陽新聞社	まちづくり事例	メディア
岡山大学（教員）	SPOC運営	大学
おかやま百年構想（学生まちづくりサークル）	まちづくり実践報告	学生
各プロジェクトWG	プロジェクトWG	全員
岡山大学（学生）	まちづくり研究・構想	学生
SPOC事務局	SPOC運営	SPOC事務局
各プロジェクトWG	プロジェクトWG	全員
岡山大学（教員）	まちづくり研究・構想	大学
各プロジェクトWG	プロジェクトWG	全員
おかやま観光コンベンション協会	まちづくり研究・構想	観光
岡山大学（教員）	まちづくり研究・構想	大学
岡山シーガルズ	クラブ経営	スポーツ
TRYHOOP OKAYAMA.EXE	クラブ経営	スポーツ
岡山大学（教員）	まちづくり研究・構想	大学
全員（ワークショップ）	ワークショップ	全員
SPOC事務局	プロジェクトWG	SPOC事務局
全員（ワークショップ）	ワークショップ	全員

	SPOC研究会の回・議題
23	SPOC研究会2周年記念講演会・パネルディスカッション
24	岡山駅運動公園口エリアをターゲットとしたプロジェクト研究
	インターハイ、プロ・クラブ連携などのプロジェクト企画WG報告
25	TRYHOOP OKAYAMA.EXE イオンモール岡山ホームゲーム観戦者調査結果報告
	【ワークショップ】岡山のプロ・クラブの連携の意義と効果を見出す!
26	岡山シーガルズの地域貢献策案－ホームゲームを核とした地域活性化促進－
	おかやまスマートベニュー構想について
27	【ワークショップ】おかやまスマートベニュー構想（仮称）
28	おかやまスマートベニュー構想について
	スポーツまちづくりの理念構造と定義
29	近況報告 & スポーツと地域活性化に向けた2017年の抱負
	岡山市におけるスポーツコミッション創設に向けた進捗状況について
	SOMECITY 2016-2017 OKAYAMA開催報告
	広島市内のスポーツカフェ "PASTA ENZO" 報告
	吹田サッカースタジアム視察について
30	岡山国道事務所・ファジアーノ岡山・岡山大学共同プロジェクト
	岡山におけるブラインドサッカー西日本リーグの誘致・開催について
	吹田サッカースタジアム視察について
31	ソフトボール・スタジアム構想について
	岡山市における東京パラリンピック事前合宿誘致に向けた機運醸成について
	おかやま百年構想の活動報告および今後について
	ビーチスポーツ協会の取り組みについて
	岡山市のコンベンション開催事業補助金について
	岡山県教育庁保健体育課「民間活力による運動部活動支援体制の構築」研究について
32	市立吹田サッカースタジアム視察報告
	TRYHOOP OKAYAMA. EXEの経営課題について
	おかやまスポーツコミッション（仮称）設立検討委員会の設立と検討経過について
33	TRYHOOP OKAYAMA. EXEの今後の展開について
	ソフトボールスタジアム構想の提案（2）
	人・地域・地球に優しいアクセスのためのファジアーノプロジェクトについて
34	岡山シーガルズの経営改革および専用アリーナ構想について
	スタジアム・アリーナの改革指針・民間資金調達について
35	アリーナ構想に向けた情報共有
	フィリピン バレーボール代表チーム合宿について
	TRYHOOP OKAYAMA.EXE ホームゲーム、イベントの開催などについて
36	【ワークショップ】新設アリーナのデザインで遊ぼう!
	オリパラと移動、都市型道の駅
37	TRYHOOP OKAYAMA.EXE 観戦者調査結果について
	スポーツ用具（スマートインソール）の開発と開発拠点構想について
	全日本フリースタイルBMX連盟の取り組みについて
	奉還町商店街のタペストリーについて
38	おかやまスポーツコミッション（仮称）設立検討委員会の進捗状況について
	おかやま障がい者スポーツ支援協議会の取り組みについて

報告・発表者	議題内容カテゴリー	報告・発表者カテゴリー
全員（講演会参加）	―	全員
岡山大学（教員）	まちづくり研究・構想	大学
各プロジェクトWG	プロジェクトWG	全員
TRYHOOP OKAYAMA. EXE	クラブ経営	スポーツ
全員（ワークショップ）	ワークショップ	全員
岡山シーガルズ	まちづくり研究・構想	スポーツ
おかやま観光コンベンション協会	まちづくり研究・構想	観光
全員（ワークショップ）	ワークショップ	全員
おかやま観光コンベンション協会	まちづくり研究・構想	観光
岡山大学（教員）	まちづくり研究・構想	大学
全員	―	全員
岡山大学（教員）	まちづくり実践報告	大学
TRYHOOP OKAYAMA. EXE	クラブ経営	スポーツ
岡山商工会議所	まちづくり事例	経済団体・企業
SPOC事務局	まちづくり事例	SPOC事務局
岡山大学（学生）	まちづくり研究・構想	学生
岡山デビルバスターズ	クラブ経営	スポーツ
SPOC事務局	まちづくり事例	SPOC事務局
ソフトボール指導者	まちづくり研究・構想	スポーツ
岡山南ロータリークラブ	まちづくり実践報告	地域
おかやま百年構想（学生まちづくりサークル）	まちづくり実践報告	学生
おかやまビーチスポーツ協会	まちづくり実践報告	スポーツ
おかやま観光コンベンション協会	スポーツツーリズム	観光
岡山大学（教員）	まちづくり実践報告	大学
視察参加者	まちづくり事例	全員
TRYHOOP OKAYAMA. EXE	クラブ経営	スポーツ
岡山大学（教員）	まちづくり実践報告	大学
TRYHOOP OKAYAMA. EXE	クラブ経営	スポーツ
ソフトボール指導者	まちづくり研究・構想	スポーツ
岡山大学（学生）	まちづくり実践報告	学生
岡山シーガルズ	クラブ経営	スポーツ
日本政策投資銀行	まちづくり研究・構想	スポーツ
岡山大学（教員）	まちづくり実践報告	大学
岡山シーガルズ	スポーツツーリズム	スポーツ
TRYHOOP OKAYAMA. EXE	クラブ経営	スポーツ
全員（ワークショップ）	ワークショップ	全員
岡山大学（教員）	まちづくり研究・構想	大学
TRYHOOP OKAYAMA. EXE	クラブ経営	スポーツ
株式会社ワイアードゲート	スポーツ産業	経済団体・企業
全日本フリースタイルBMX連盟	スポーツ振興	スポーツ
おかやま百年構想（学生まちづくりサークル）	まちづくり実践報告	学生
岡山大学（教員）	まちづくり実践報告	大学
岡山南ロータリークラブ	まちづくり実践報告	地域

第6章　ネットワークであれもこれも生かす！

		SPOC研究会の回・議題
		JETROの取り組みについて
	39	おかやまビーチスポーツ協会の取り組み
		日本モーターサイクルスポーツ協会（MFJ）の紹介・活動報告
		ADAPT（中学生男子バスケットボールクラブ）の紹介
		おかやまスポーツコミッション（仮称）設立に向けた進捗状況について
	40	民間都市開発推進機構の出資制度を活用した公民連携事業について
		奉還町商店街内・ファジアーノ岡山タペストリーについて
		おかやまスポーツコミッション設立準備の状況について
		やさしいアクセス-ファジウォーカー・プロジェクトについて
	41	おかやま障がい者スポーツ支援協議会の活動状況
		岡山デビルバスターズ（ブラインドサッカークラブ）の活動状況
		おかやま運動部活動検討委員会・スポーツ庁ガイドラインについて
	42	Tリーグ創設の状況と岡山でのクラブ設立について
		ジェトロにおけるスポーツ産業の海外展開支援事業〜岡山シーガルズの取り組み〜
		ファジアーノ岡山のタペストリー掲出について
		BMXの可能性
	43	新しいアリーナ構想について
		野球界にイノベーションを起こす野球人測定の可能性
		（一社）ユニバーサルスポーツ文化協会設立について
		おかやまスポーツプロモーション機構について
	44	最上稲荷トレイルランレース2018報告と（一社）頂ITADAKIの取り組みについて
		アニモの会 活動報告会について
	45	倉敷におけるスポーツを活かした地域活性化の取り組み
		TRYHOOP OKAYAMAの今後の展開について
		県体協主催・アスリート対象合同就職面接会について
	46	Tリーグおよび岡山リベッツの今後の展開について
		松永スポーツプロモーション研究会(MSG)について
		トップス広島の取り組みについて
		岡山国際サッカーフェスティバルを目指して
	47	清心温泉の再建プロジェクトの取り組みについて
		ファジウォーカープロジェクトの進捗状況と今後の展開
		フリースタイルBMX全日本選手権の岡山開催について
		TRYHOOP OKAYAMAの今後の展開について
		議題総数118

第6章 ネットワークであれもこれも生かす！

報告・発表者	議題内容カテゴリー	報告・発表者カテゴリー
JETRO岡山	まちづくり研究・構想	経済団体・企業
おかやまビーチスポーツ協会	まちづくり実践報告	スポーツ
MFJ（トライアル競技委員長）	スポーツ振興	スポーツ
中学生バスケ・クラブADAPT	クラブ経営	スポーツ
おかやまスポーツコミッション設立準備委員会事務局	まちづくり実践報告	スポーツ
（一社）民間都市開発推進機構	まちづくり研究・構想	経済団体・企業
おかやまスポーツ文化まちづくりサークルSCOP（学生まちづくりサークル）	まちづくり実践報告	学生
おかやまスポーツコミッション設立準備委員会事務局	まちづくり実践報告	スポーツ
岡山大学（教員）	まちづくり研究・構想	大学
岡山南ロータリークラブ	まちづくり実践報告	地域
岡山デビルバスターズ	クラブ経営	スポーツ
岡山大学（教員）	まちづくり実践報告	大学
Tリーグ・チーム岡山（仮称）	クラブ経営	スポーツ
JETRO岡山	スポーツツーリズム	経済団体・企業
おかやまスポーツ文化まちづくりサークルSCOP（学生まちづくりサークル）	まちづくり実践報告	学生
全日本フリースタイルBMX連盟	スポーツ振興	スポーツ
岡山大学（教員）	まちづくり研究・構想	経済団体・企業
ヒーローズ	スポーツ振興	経済団体・企業
岡山デビルバスターズ	まちづくり実践報告	スポーツ
おかやまスポーツコミッション設立準備委員会事務局	スポーツツーリズム	スポーツ
（一社）頂ITADAKI	まちづくり実践報告	スポーツ
アニモの会	まちづくり実践報告	経済団体・企業
倉敷市スポーツ振興課	まちづくり実践報告	行政
TRYHOOP OKAYAMA	クラブ経営	スポーツ
岡山県体育協会	スポーツ振興	スポーツ
岡山リベッツ	クラブ経営	スポーツ
福山大学（教員）	まちづくり実践報告	地域
広島経済大学（教員）	まちづくり実践報告	地域
ファジアーノ岡山	クラブ経営	スポーツ
清心温泉プロジェクト	まちづくり実践報告	地域
岡山大学（教員）	まちづくり実践報告	大学
全日本フリースタイルBMX連盟	スポーツツーリズム	スポーツ
TRYHOOP OKAYAMA	クラブ経営	スポーツ

より深く学びたい人へ

▶清水博編著、久米是志／三輪敬之／三宅美博『場と共創』NTT出版、2000年
　　多組織協働の場は、共創的コミュニケーションを起こす必要がある。

▶ニック・クロスリー『間主観性と公共性――社会生成の現場』西原和久訳、新泉社、2003年
　　多主体協働のまちづくりは、各主体の考え方の違いを理解し、その間に新しい考え方を生み出す必要がある。

▶宇沢弘文『宇沢弘文の経済学――社会的共通資本の論理』日本経済新聞出版社、2015年
　　スポーツインフラの考え方は、スポーツを社会的共通資本と捉えることが必要。

▶代官山ステキなまちづくり協議会企画・編集、蓑原敬／宮台真司『まちづくりの哲学――都市計画が語らなかった「場所」と「世界」』ミネルヴァ書房、2016年
　　まちづくりはSPOC研究会のようなスモールユニットにおける熟議を通した内発的な動機の育みとまちでの体験をデザインすること。

注

（1）地方創生政策で求められている地域の多組織協働の呼称。産＝経済界、官＝行政、学＝教育機関、金＝金融機関、言＝メディアを指している。これらに加えて、労＝労働者団体、士＝士業を含めることもある。
（2）研究会の立ち上げ前夜、本文で後出する梶谷氏と延原氏と筆者は市内のバーで研究会の名称を話し合った。
（3）おかやまスポーツプロモーション研究会公式「Facebook」（https://www.facebook.com/SPOC2014/）［2018年7月27日アクセス］
（4）各回の議題と発表者の一覧については、章末参考資料（表1）を参照のこと。
（5）スピンオフプロジェクトとは、SPOC研究会の一部メンバーが当事者（主役）になって、研究会外の関係者を巻き込んで立ち上げるプロジェクトである。一部メンバーの主体性を育むと同時に、研究会の取り組みや考え方を広く伝えることに寄与している。
（6）FAGI WALKERプロジェクトについては、公式ウェブサイト「やさしいアクセス FAGI WALKER OKAYAMA」（〔http://yasashii-access.info/fw/〕［2018年7月27日アクセス］）を参照。
（7）各種経済団体のトップを務める60代以上の経済人を上位として、各団体の実動集団のトップで年齢的に一世代下の経済人を「中堅」とここでは称している。
（8）当面は任意団体として活動するが、おかやま観光コンベンション協会の自主事業（スポーツ文化コラボレーション事業）のなかで事業展開していく。
（9）施設の管理・運営は岡山県総合協力事業団が指定管理者としておこなっている（2018年現在）。

第7章

スポーツまちづくりのFAQ
ノウハウ篇

松橋崇史／高岡敦史／笹生心太／
束原文郎／岩月基洋／関根正敏

本書では、冒頭でスポーツまちづくりの進め方を俯瞰するための枠組みとして、スポーツまちづくりCUBEを提示し、第2章以降でスポーツまちづくりの事例をみてきた。各事例の活動の推移・発展を参照するなかで、スポーツまちづくりCUBEの3要素がそれぞれ、また相互にどのような影響を与えてきたのか若干の分析も加えてきた。

　本章では、スポーツまちづくりの具体的な方法を検討しやすくするために、準備や活動のなかでぶつかることが多いと思われる課題を想定し、第2章から第6章までの事例を踏まえて、Q&A形式で課題解決の方法を提案する。Q&Aの各項目では、スポーツまちづくりCUBEを踏まえて一般的な解説を加えている。より具体的で実践的な内容については、第2章から第6章までに登場する事例やほかの本（主に『スポーツのちから』[1]）の事例が参照できるようにガイドをつけてあるので適宜参照していただきたい。

　まずは、以下の各項目のなかで、読者が置かれた状況に即して関心があるものから読むといいだろう。なお、「はじめに」でも記したように、実践現場に関わっていて次の一手に悩んでいる人たちは、まず本章から読み進めると本書をより有効に使うことができるだろう。スポーツまちづくりを俯瞰する議論が知りたければ第1章を、気になる項目があって深い内容が知りたくなれば第2章から第6章の事例を読むようにすれば、理解もスムーズに進んでいくはずだ。

1　これからスポーツまちづくりに本格的に取り組もうとする場合

Q1　スポーツまちづくりのきっかけは？
A1　自力でのゼロからの立ち上げは想定せずに、政府・自治体の補助制度を活用するなど外部の力をうまく使う
A2　有志による対話と研究から始める
A3　全国大会（国体やインターハイ）や国際大会の機会を活用する
A4　国際大会開催に伴う参加国代表チームのキャンプ開催の機会を活用する
A5　市民のアントレプレナーシップを生かす

Q2　まちづくりに活用可能なスポーツインフラを保持するためには？
A1　地域の既存資源をスポーツインフラ化する

A2 スポーツインフラを新たに作る
A3 外部のスポーツインフラにアクセスする
　　A3-1 全国レベルの大会・クラブ・選手にアクセスする
　　A3-2 国際レベルの大会・クラブ・選手にアクセスする
A4 プロチームなどの拠点施設の誘致とパートナーシップの構築

Q3 社会的ネットワークをどうやって作るのか？
A1 推進会議や実行委員会などを設けてネットワークを作る
A2 スポーツまちづくりの活動への関与を促してネットワークを作る
A3 ネットワーキング・リーダーが作る
　　A3-1 複数のネットワーククラスタに関わる顔の広い人に声をかける
　　A3-2 火付け役が既存のネットワークを活性化する
　　A3-3 火付け役と顔の広い人が動いて、既存クラスタをつなげる
　　A3-4 よそ者が外部のネットワークを持ち込んで、既存ネットワークをつなげる
　　A3-5 巻き込み力が強いインフルエンサー自身がネットワークを立ち上げる

Q4 社会的ネットワークの核は誰が担うのか？
A1 地方自治体が担う
A2 施設管理者が担う
A3 プロクラブ／トップクラブが担う
A4 地域スポーツクラブが担う
A5 ネットワーク内のリーダーが担う

Q5 事業性をどう確保するのか？
A1 ステークホルダーとの協働関係を構築し、さまざまな支援を受け入れる
A2 自治体との協働関係を盤石にしていく
A3 ビジネスモデルの構築

A4　一定の事業規模をもつ企業やNPOが主導する
A5　当面は事業性の確保を最優先せず、のちの公式化の段階に合わせて事業性の確保を検討する

Q6　スポーツまちづくりの担い手を新たに獲得していくためには？
A1　獲得したい人材の見極めが重要
A2　土地にゆかりがある人材に関与してもらう
A3　地域おこし協力隊などの政府の制度を用いて獲得する
A4　まちづくり事業を担う組織を作り、担い手を確保する

2　スポーツまちづくりを今後より発展させようとする場合

Q7　スポーツインフラの価値をさらに高め、維持するためには？
A1　スポーツインフラの高度化を目指す
　　A1-1　大会の格付けを上げる
　　A1-2　クラブが上位リーグに進出する
　　A1-3　高レベルな選手を保有する
A2　地域活動を通じて認知拡大を図る
　　A2-1　スポーツクラブなどによる地域貢献
　　A2-2　地域の多様な主体にスポーツインフラを活用してもらう
　　A2-3　スポーツ以外のまちづくり事業にも関わる
A3　メディア戦略をもって効果的に情報を発信する
　　A3-1　テレビ、新聞などのマスメディアによる情報発信
　　A3-2　SNS（ソーシャルネットワーキングサービス）やウェブサイトなどの利用
　　A3-3　口コミ、ビラ、祭りの活用
　　A3-4　情報発信拠点を作る
A4　新たなスポーツインフラの創出
　　A4-1　プロクラブ／トップクラブの設立
　　A4-2　スポーツイベントの立ち上げ
　　A4-3　スポーツ施設の整備・建設
　　A4-4　スポーツミュージアムの整備・設立
A5　競技人口を増やし裾野を拡大する

A6　競技結果に影響を受けるなかでもインフラの機能を維持する

Q8　より多くの人たちや組織を巻き込み、まちの内外にネットワークを広げるためには？
A1　常に開かれたメンバーシップで会議をおこなう
A2　フォーマルな組織を作る
A3　別のネットワークを取り込む

1 これからスポーツまちづくりに本格的に取り組もうとする場合

Q1
スポーツまちづくりのきっかけは？

　スポーツまちづくりをゼロから始めることは簡単なことではないと思われがちだ。しかし、日常にはスポーツに関する多くの情報があふれ現在スポーツに親しんでいたり、過去にスポーツを本格的に取り組んできたりした人も多い。スポーツまちづくりに向けた思いをもっていれば、きっかけはさまざまなところに存在している。外の力もうまく使いながら、関心の輪を広げていくことが重要だ。

A1
自力でのゼロからの立ち上げは想定せずに、政府・自治体の補助制度を活用するなど外部の力をうまく使う（第5章：新庄村・三条市下田地区）

　スポーツイベントの誘致・開催や合宿誘致を自前の財源を確保して進めることは、スポーツまちづくりの持続可能性を担保するうえで重要な要素のひとつである。しかし、そのスタートアップの時点で持続的な財源を確保することは難しい。地方創生交付金など、スポーツまちづくりに活用できる補助制度はいくつかあるため、それらを利用しながら、ひとまずイベントや合宿を誘致・開催していくことがひとつの方策である。

ただし、補助制度（補助金）には期限がある。できれば初年度から、補助が切れたあとのことを想定して事業戦略と計画を立てておくことが必要である。そのためには、補助が切れたあとも使用する物品やシステム、事業を展開していく人材の育成に投資しておくことが肝要だ。また、補助期間中に、自前財源で事業展開していくための地域の機運を育んでおくことも重要である。

A2

有志による対話と研究から始める（第6章：岡山市）

　スポーツまちづくりは、スポーツビジネス事業である前に「まちづくり」である。スポーツまちづくりは、スポーツインフラを活用しようとする有志市民の集まりから始め、行政の関係部局、スポーツで地域経済を活性化しようとする経済団体などとの対話と協働によって進めていくことができる。

　スポーツまちづくりを始めていく段階での有志の集まりは、スポーツインフラへの気づきやその活用方法に関する研究、公式的団体に所属している「仲間になってくれそうな人」の巻き込みを担う。この集まりが、やがて大きなうねりとなり、事業化されていくスポーツまちづくりの取り組みを支えるソーシャルキャピタルの源泉であり、精神的な基盤になっていく。

A3

全国大会（国体やインターハイ）や国際大会の機会を活用する（『スポーツのちから』第3章：岩手県岩手町などのホッケーのまち）

　国民体育大会（国体）や高校総体（インターハイ）の会場になることによってスポーツまちづくりが始まる場合もある。会場を整備し、地元の小学校・中学校・高校などで種目振興をおこない、チームの強化を図る。地元住民にも種目に触れる機会を設けていく。国体時にはみんなで地元チームを応援し、国体終了後は、新設された会場を利用してインターハイや少年団・中学校の全国大会を誘致する。地元から強豪チームやトップレベルで活躍する選手が輩出されていけば、スポーツまちづくりが進んでいくことになる。

A4

国際大会開催に伴う参加国代表チームのキャンプ開催の機会を活用する（『スポーツのちから』第1章：長野県松本市）

　ワールドカップやオリンピック・パラリンピックのメガスポーツイベントが日本国内で開催される場合、多くの参加国代表チームが日本国内でキャンプをおこなう。このことは、メガスポーツイベントの開催地以外の地域が、参加国代表チームと直接の関わりをもつことを可能にする。キャンプ実施のために受け入れ態勢を整え、準備の過程で文化交流を促し、将来的な人材交流、経済交流につなげていくことも可能だ。国際教育の題材に生かしたり、食文化や伝統文化、観光地などを発信したりすることもできる。実際のキャンプを盛り上げることに成功すれば、その機運を生かして、ネットワークを育て、スポーツまちづくりにつなげていくことが可能になる。

A5

市民のアントレプレナーシップを生かす（第2章：気仙沼市・三条市）

　地域に住む一般市民が、アントレプレナーシップ（企業家精神）を発揮してスポーツまちづくりを始める場合もある。一般的に、企業家は自社の収益向上を第一に考えるわけだが、近年では社会的企業という、自社の収益向上と社会課題の解決を同時に目指そうとする企業も増えている。自社の収益向上と、まちづくりという社会課題の解決の両立を志向する企業家が、スポーツまちづくりの事業によって安定的な収入を見込めれば、事業が継続・展開可能になる。ただし、各事業に人々が参加するための費用（例えば、参加費）を高く設定してしまうと、人々の参加への障壁を高めてしまう可能性がある。

Q2

まちづくりに活用可能なスポーツインフラを保持するためには？

　スポーツまちづくりを進めていくためには、計画的・戦略的にスポーツインフラ（トップ選手、トップクラブ、スポーツ施設、スポーツイベント）を保有したり、保有することができなくてもスポーツまちづくりを促すスポーツインフラ（プロリーグ、全国大会、世界大会、世界トップ選手）にアクセスした

りする必要がある。

A1

地域の既存資源をスポーツインフラ化する（第2章：三条市、第3章：能代市・宇都宮市、第5章：新庄村・三条市下田地区）

　スポーツ大会やスポーツクラブなど、多くの地域にはスポーツまちづくりに活用可能な既存資源が存在する。既存資源の価値や活用可能性について、吟味し、活用することがスポーツインフラ保有のひとつの方法だ。昨今のまちづくりの重要な課題となる交流人口の増加や地域内のネットワークの醸成に寄与するなど、スポーツインフラとして発展的に活用する発想が求められる。

A2

スポーツインフラを新たに作る（第2章：気仙沼市、第3章：能代市・宇都宮市、第4章：大田区、第6章：岡山市）

　スポーツまちづくりにとって、新たにスポーツインフラを作ることは大きな弾みになる。トライアスロン、トレイルラン、自転車大会など一定の地理的条件を満たせば始められるスポーツイベントは多くある。各種目でプロリーグが始まるなか、プロ入りを目指すトップクラブを育成することも一案だ。チームを作ることが難しいのであれば、トップ選手を輩出するためのプログラムをまちぐるみで推進していくこともひとつの方策である。また、強化合宿や交流拠点施設となるスポーツ施設を作ることも考えられる。スポーツまちづくりは、ゼロから1を生み出すことが可能だから、スポーツインフラを新たに作ることを考えてもいい。

A3

外部のスポーツインフラにアクセスする（第2章：三条市、第3章：宇都宮市、第4章：大田区、第5章：三条市下田地区）

　地元にスポーツまちづくりに生かせるクラブやイベントがない場合は、外部のクラブ、リーグ、イベントなどのインフラにアクセスすることで、スポーツまちづくりを活性化することが可能だ。トップレベルのスポーツイベントやプロリーグの試合を誘致し、その運営を成功させることが、自前のスポーツインフラを作り、高めていくことにつながる。

A3-1　全国レベルの大会・クラブ・選手にアクセスする（第2章：三条市、第5章：三条市下田地区）

　同じようなスポーツ大会やスポーツ合宿でも、そこに参加するチームや選手が全国トップレベルであれば、その機会をスポーツまちづくりを加速させるきっかけに用いることができる。定期的に誘致できるイベントであれば、スポーツまちづくりのテーマに据えて、それを地域で楽しみ、盛り上げる機会にできるだろうし、地元の競技者に学びと刺激の機会を提供することもできる。

A3-2　国際レベルの大会・クラブ・選手にアクセスする（第3章：宇都宮市、第4章：大田区）

　国際レベルの大会やクラブとの接点を自分たちでコントロールすることは難しい。そのようなメディアバリューがきわめて高い国際的なスポーツ大会の出場権を、地元出身者や地元のチームが得て参加したり、出場した大会で強豪国と対戦したりすることは、そのこと自体がスポーツインフラになりうる。国際的に知名度が高い選手やチームと関わりをもったり、支援関係を構築したりすること（大分県の旧中津江村とカメルーンの関係のように！）もそれをスポーツインフラとして活用できる道を拓く。

A4

プロチームなどの拠点施設の誘致とパートナーシップの構築（第3章：宇都宮市、第4章：プロ野球との連携）

　人気があるプロチームやオリンピックチームの拠点施設の誘致が実現すれば、トップアスリートが常にまちを訪れるようになる。スタジアム、練習施設（ナショナルトレーニングセンターなど）、キャンプ施設など拠点施設にはさまざまなバリエーションがある。地元の自治体とチームがパートナーシップを結んで協働で活動をおこなえれば、スポーツまちづくりに生かせるインフラが生まれることになる。

Q3

社会的ネットワークをどうやって作るのか？

　スポーツまちづくりの活動が動きだすなかで、ネットワークは徐々に形成されていく。ネットワークづくりの進め方は、地域によってさまざまである。既存にどのようなネットワークが存在するのか、スポーツまちづくりに従来から理解がある地域か、ネットワークづくりを主導するリーダーがいるのかなどで変わるだろう。ネットワークづくりを急ぐことが有益な場合もあれば、じわじわと進めていくことが必要な場合もある。

A1

推進会議や実行委員会などを設けてネットワークを作る（第3章：能代市）

　行政などの公的組織は、関心をもつ個人や組織を、推進会議や実行委員会などを設けることでつなぎ合わせることができる。商工会、競技団体などの連携、あるいは地域によっては祭りのような地域イベントのネットワークや商店街振興組合などを生かすことも想定できる。

A2

スポーツまちづくりの活動への関与を促してネットワークを作る（『スポーツのちから』第4章：Jリーグクラブの実践）

　スポーツインフラになりうるクラブ、イベント、施設は、自らの取り組みにさまざまな人々の関与を促すことでネットワークの形成を図ることができる。クラブや大会の運営では、運営に関わるボランティアを多く集めることが可能だ。小口協賛を設けることで、数百ものスポンサーを募ることも可能だろう。こうした実践を通じてネットワークが形成されていく。ネットワークの形成に向けては、地域貢献活動もあわせて展開し、まちづくりのインフラとしての責任を果たしていく必要がある。

A3

ネットワーキング・リーダーが作る

　ネットワークの核は行政やプロクラブが担うこともあるが、鍵を握るのは、リーダーとなってスポーツまちづくりを主導する個人である。個人が置かれた立場や地域の特徴によってリーダー主導のネットワーキングの方

法も変化する。地域の力学に臆することなく、目標に向けて、理解者を増やしていくことが重要である。

A3-1　複数のネットワーククラスタに関わる顔の広い人に声をかける
　　　　（第6章：岡山市）

　経済界やスポーツ界、行政、メディア、大学などのネットワーククラスタ（以下、クラスタと略記）をつなげるには、既存のクラスタに声をかけて集めるだけではなく、複数のクラスタと関係をもっている顔の広い人を見つければいい。顔の広い人は、クラスタ内の論理も知っているし、各クラスタ同士をつなげる意義も体験的に知っている。顔の広い人を集めることができたら、地域内の論理の多様性を引き受けながら、スポーツインフラへの気づきやその活用方法に関する研究を進め、各クラスタで仲間になってくれそうな人を巻き込む準備を始めるといい。

※顔の広い人は、クラスタの中心人物であるとはかぎらない。中心人物は個別クラスタの代弁者になる可能性があり、クラスタ間の軋轢を生じさせる原因になってしまうこともある。また、顔の広い人には多くの仲間がいるだろうが、同時に多くの敵もいる可能性があることを忘れてはならない。

A3-2　火付け役が既存のネットワークを活性化する（第5章：新庄村）

　経済界やスポーツ界、行政、メディア、大学などの各クラスタは、それぞれの論理でまちづくりや地域活性化に関わっている。それらをスポーツまちづくりに巻き込もうとすると、スポーツに関心がないクラスタがあり、参画への熱意や主体性に差が生じることがある。まずは各クラスタ内部でスポーツまちづくりに対する理解を浸透させ、協働関係の構築に向けてスポーツまちづくりに対する積極的な参画を促すことが必要になる。そのためには、火付け役が顔の広い人を通じて各クラスタ内部に接触し、スポーツまちづくりの夢や方向性、取り組みの趣旨などを説いて回ることが必要だろう。

A3-3　火付け役と顔の広い人が動いて、既存クラスタをつなげる（第6章：岡山市）

　スポーツまちづくりの基盤となるネットワークは、経済界やスポーツ界、行政、メディア、大学などのクラスタがつながったものである必要がある。しかし、スポーツまちづくり開始当初からこれらの公式的な組織が情報共有したり連携したりする関係を構築することは難しい。そこで、複数のクラスタをつなげ、各組織に影響を与えている顔の広い人と火付け役がインフルエンサーとなり、（各組織が公式的に加わらなくていいという意味で）非公式のネットワークを（仕事ではないという意味で）ボランタリーに動かしていく必要がある。

A3-4　よそ者が外部のネットワークを持ち込んで、既存ネットワークをつなげる（第5章：三条市下田地区）

　スポーツまちづくりを強い力で引っ張ることができるカリスマ的なリーダーや、顔の広い人や火付け役がなかなか見つからない場合は、スポーツまちづくりに関心がある外部のネットワークを地域に持ち込む選択肢がある。持ち込むにあたっては、次のような点に配慮する必要がある。例えば、地域で外部の人たちが活動する正当性を担保できるか、外部のネットワークと地元のネットワークを結び付けて利害を調整することができるか、外部のネットワークが志向する活動がその地域でできるか、などである。

A3-5　巻き込み力が強いインフルエンサー自身がネットワークを立ち上げる（第3章：能代市）

　特定のクラスタが未成熟な地域であっても、当該地域のまちづくりの必要性を強く実感している火付け役か顔の広い人（インフルエンサー）が、一からネットワークを作って広げていくケースもある。その場合には、そもそもなぜまちづくりをしなければならないのか、なぜそれがスポーツを通じたものでなければならないのかを明確化し、地域住民に訴えていく必要がある。そうした訴えが地域に浸透すれば、協力者の出現に期待することができる。

Q4

社会的ネットワークの核は誰が担うのか？

　社会的ネットワークを形成するためには、その核を担う人たちや組織が必要になる。その担い手には、さまざまな主体がなりうる。例えば、スポーツまちづくりの推進を掲げる地方自治体、スポーツインフラになりうるスポーツ施設管理者、トップクラブやプロ球団、リーダーシップを発揮する個人の場合もある。これらの主体は互いに協力することで、社会的ネットワークの形成をより強力に推進することもできるが、初めは、いずれかの主体が核を担う必要がある。

A1

地方自治体が担う（第3章：能代市）

　スポーツまちづくりは幅広いテーマを含んでいる。そのため、行政が主導する場合、担当課（あるいは担当者）を特定し、事務局機能を果たすような積極的な関与が必要になる。多くの場合、担当課を首長部局に置くことで意思決定を円滑にし、スポーツ行政の枠を超えた各課の連携協力を促す。あるいは多くの市民を巻き込むために、スポーツのまちづくりを推進するための委員会や協議会を設置し、関係者をネットワーク化することが想定される。

A2

施設管理者が担う（第2章：気仙沼市・三条市）

　スポーツ施設には、スポーツをプレーするために、ないしは観戦・応援するために、多くの人たちが訪れる。施設管理者はさまざまなイベントやプログラムを展開することで施設来訪者同士をつなげることができる。イベントを開催する際には、地域に関与・支援を求めるなかで、ネットワークを広げていくことも可能だ。

A3

プロクラブ／トップクラブが担う（『スポーツのちから』第4章：Jリーグクラブの実践）

　プロクラブやプロ球団、トップスポーツクラブは自らのゲームやイベントを用いて、スポーツまちづくりの社会的ネットワークを形成しやすい立

場にある。ゲームにはファンやサポーターが訪れ、スポンサーも訪れる。地域からの応援／支援を引き出し、クラブ経営に関与してもらったり、ビジネスパートナーとしてスポーツまちづくりのビジョンを共有したりすることで、ネットワークを広げることができる。

A4

地域スポーツクラブが担う（『スポーツのちから』第2章）

　地域住民が日常的にスポーツをおこなう地域スポーツクラブでは、多くの住民や関係者が関わりながらクラブを運営することで社会的ネットワークを形成できる。地域スポーツクラブがスポーツ以外のまちづくりに関わったりすることでも社会的ネットワークを広げることができる。ただし、そのような地域スポーツクラブの運営には、まちづくりに寄与するという明確なビジョンの設定とそれをクラブ員間で共有しようとする努力、それらを主導するリーダーが必要になる。

A5

ネットワーク内のリーダーが担う（第6章：岡山市）

　社会的ネットワークはすでに地域内にいくつも存在しているが、往々にして、スポーツ界、経済界、行政関係者、教育関係者などで構成するクラスタに分かれている。スポーツまちづくりが地域をあげたまちづくりとして展開するためには、新たにクラスタを創出するというよりも、むしろ、散在しているクラスタをつなげたほうがいい。なぜなら、近い将来、公的・組織的で大きなスポーツまちづくりの取り組みをおこすうえで、各クラスタでその取り組みがオーソライズされる（正統なものとして認められる）必要があるからだ。

Q5

事業性をどう確保するのか？

　スポーツまちづくりに継続性をもたせるためには、さまざまな手段を用いて、活動に必要な資源を得ていく必要がある。当初から、ビジネス的な手法でスポーツまちづくりを進めることは難しい。あの手この手で、ヒト・モノ・カネを集め、活動を支えていくことが重要だ。

A1

ステークホルダーとの協働関係を構築し、さまざまな支援を受け入れる（第2章：三条市、第4章：大田区など）

　スポーツまちづくりとして活動が進めば、活動に理解を示し、共感してくれる市民や組織が現れる。まずは、そうした市民や組織から支援を受けられるように協働関係を結んでいくことが重要だ。スポーツまちづくりを主導する組織の理解者のなかには、支援したい気持ちはあるが経済的な余裕がない場合も多い。その場合は、支援のあり方を資金の提供に限定しないことが重要になる。物品提供やサービス提供（散髪無料など）、広報のサポート（ポスター掲示場所の提供やSNSでの拡散支援）、プロジェクトにちなんだ新商品を共同で開発することなど、たくさんある。もちろん、少額でも資金的援助を受けたい場合は、小口の協賛や寄付の窓口を作ることが必要となる。

A2

自治体との協働関係を盤石にしていく（第2章：三条市、第3章：宇都宮市、第5章：新庄村・三条市下田地区）

　スポーツまちづくりを主導する組織にとって、指定管理者制度やスポーツまちづくりに関連する委託事業を受けることができれば、事業の安定化が望める。行政は、官民協働を通じて、スポーツまちづくりを主導する組織を育成・支援し、活動評価を通じて、スポーツまちづくりを促すことが可能だ。例えば、指定管理者制度の評価でスポーツまちづくりに関連する活動の推進を盛り込めば、指定管理者はスポーツまちづくりへの貢献を模索するだろう。

A3

ビジネスモデルの構築（第2章：気仙沼市、第3章：宇都宮市）

　収益を得るビジネスモデルが構築できれば、スポーツまちづくりを持続的に展開でき、スポーツまちづくりに向けてより踏み込んだ活動が可能になる。愛好者やファンを広げて、集客を拡大する。集客することで参加費やチケット代を得る。注目度を高めてスポンサー収入を得る。そうした収益増によって新規の投資ができ、収益と投資の好循環に向かうことが期待できる。

A4

一定の事業規模をもつ企業やNPOが主導する（第2章：気仙沼市・三条市）

　一定の事業規模をもつ企業やNPOがスポーツまちづくりの中核を担って主導していくことも、スポーツまちづくりの事業性を確保することになる。それら企業やNPOの経営資源が、スポーツまちづくりに振り向けられるからである。ただし、スポーツまちづくりへの関与が企業やNPOの売り上げに結び付き、社会的な評価を獲得することにつながらなければ、企業やNPOが継続的に関与することはできない。活動して共感する市民や団体が、一緒になって活動を支えていくことが重要になる。

A5

当面は事業性の確保を最優先せず、のちの公式化の段階に合わせて事業性の確保を検討する（第6章：岡山市）

　事業性の確保は持続可能な財源確保やビジネスモデルの構築そのものであり、早急に実現することは容易ではない。また、拙速に事業性の確保を追求すると、多様なステークホルダーを巻き込み、連携・協働を実現しようとするまちづくりの機運をないがしろにしてしまう恐れもある。

　スポーツまちづくりを多組織の協働によって進めようとする場合は、その創成期では事業性の確保を優先せずに、機運の醸成や連携・協働の基盤づくり、ビジネスモデルの共同構築を進めておき、やがて関係各所にオーソライズされて公的な事業構想に着手した段階から財源確保やビジネスモデルの構築を検討するという流れでもいいだろう。

Q6

スポーツまちづくりの担い手を新たに獲得していくためには？

　スポーツまちづくりの事業性を高め、活動の継続性を確保していくためには、スポーツまちづくりを担っていく人が必要だ。適任者が地元にいればいいが、そうともかぎらない。その場合は、地域にゆかりがある人、スポーツまちづくりに関心がある外部の人にアプローチしていく必要がある。

A1

獲得したい人材の見極めが重要（第2章：気仙沼市、第5章：三条市下田地区）

　一般的に、まちづくりをおこなうためには「よそ者、若者、ばか者」が重要といわれる。これらの人たちは、新たなアイデアを地域に持ち込む。しかし、当然のことながら、これらのジャンルにあてはまる人材なら誰でもいいわけではなく、その見極めが重要だ。見極めの際には、獲得しようと考えている人材のまちづくりに関するビジョンが、まちの現状にマッチしているかどうかを考える必要がある。

A2

土地にゆかりがある人材に関与してもらう（第3章：能代市、第5章：新庄村）

　人口流出が進む地域でスポーツまちづくりに関心がある人材を確保することは難しいときもあるだろう。このときに、すでに地域を離れているが地元の活性化に寄与したいという人材にスポーツまちづくりに関与してもらうこともひとつの方策だ。都市部に住んでいてスポーツ関係者にネットワークがあれば、そうした地元ゆかりの人物をハブに、スポーツまちづくりに必要な情報やノウハウを得たり、トップチームやトップ選手にアプローチしたりすることもできるだろう。

A3

地域おこし協力隊などの政府の制度を用いて獲得する（第3章：能代市、第5章：三条市下田地区）

　総務省が主導する地域おこし協力隊の制度を用いることで、人材を確保することも可能である。地域おこし協力隊以外の政府の雇用対策助成制度を用いることも考えられる。こうした制度は人材を公募するが、募集を出すだけでスポーツまちづくりに関心があって実行力もある人材が応募してくれるわけではない。それぞれの地域でどのようなことをおこなうのかを明確にし、地元での支援体制を、地域住民や地縁組織・NPO・企業などと整えていく必要がある。そのうえで、人材を探し、発掘していく姿勢も求められる。受け身ではなく、積極的に制度を活用していくことが肝要だ。

A4

まちづくり事業を担う組織を作り、担い手を確保する（第3章：宇都宮市）

　地域に人材を定着させるためには、その人材を雇用し続ける環境が必要だ。雇用の場として、スポーツまちづくり事業を展開する組織を設置することで、優れた人材の獲得が可能になる場合がある。スポーツまちづくり事業自体で収入を確保するとともに、そのほかの収益事業や企業／行政との連携事業など、多様な事業（財源）を組み合わせながらその組織を持続させることができれば、安定した雇用の「受け皿」となる。

2 スポーツまちづくりを今後より発展させようとする場合

Q7

スポーツインフラの価値をさらに高め、維持するためには？

　スポーツまちづくりを持続的に展開していくためには、スポーツインフラの機能を高め、それを維持していかなければならない。そのための方法はさまざまだが、日常的な取り組みに加え、インフラ機能を飛躍的に高めるチャンスを狙い、準備していくことが重要になる。

A1

スポーツインフラの高度化を目指す

　スポーツインフラの高度化には、大会の格付けを高める、クラブが上位リーグに進出する、高レベルな選手の保有などの方法がある。

　　A1-1　**大会の格付けを上げる**（第2章：宇都宮市、第5章：新庄村）

　　　各地域で開催される競技大会というコンテンツには、「格付け」という評価の物差しがある場合が多い。大会の規模（世界、全日本、地区、都道府県、市区町村）や、参加者の区分（年齢、プロ／アマ、競技成績）などに基づいて、競技の統括団体が大会をカテゴリー化している。スポーツまちづくりの発展に際しては、こうした大会の「格付け」を上

げ、メディアバリューをより高めたり、他地域との差異化を図ったり、支援ネットワークを拡大したりすることができるように、スポーツインフラとしてステップアップしていくことが大切になる。

A1-2　クラブが上位リーグに進出する（『スポーツのちから』第1章：長野県松本市）

　プロ野球を除いて、そのほかのプロリーグやトップリーグには、1部と2部以下のリーグが存在する。強いクラブは、入れ替え戦を通じて上位リーグに進み、成績不振のクラブはその逆に下位リーグに降格する。上位リーグには、有名なクラブが所属し、多くのファンを抱えるクラブが存在する。ホームゲームともなれば、多くのアウェイクラブのファンが街にやってくるだろうし、ニュースにも取り扱われやすくなる。売り上げが増せば、実力選手を多く抱えることも可能だ。上位リーグへの所属を維持したり、より上位のリーグへの進出を果たせば、スポーツインフラの価値は高まっていく。

A1-3　高レベルな選手を保有する（第3章：能代市・宇都宮市、第4章：大田区、第5章：三条市下田地区）

　選手という資源は、競技をおこない、競技成績を残すという観点で大切な存在である。しかし、それだけではない。注目度や地域貢献度が高い選手は、スポーツまちづくりにとっても貴重な資源になる。地域のことを大切にして、地域から愛される選手は、選手やチームに対する興味・関心を高め、支援の輪を広げることに貢献する。

A2

地域活動を通じて認知拡大を図る

　まちづくりとしてスポーツが機能するためには、日常にスポーツを浸透させる必要がある。その最たる手段が地域貢献や地域の多様な主体との連携である。スポーツ以外のまちづくりを担う人たちとの交流が、まちづくりのインフラとしてのスポーツの価値を高める。

A2-1　スポーツクラブなどによる地域貢献（第2章：気仙沼市・三条市）

　地元クラブや施設が自らの認知度を高めて有益な存在であることを

知らしめるためには、地域貢献活動をおこなうことが一般的である。事業をクラブや施設の事業範囲内で完結させるのではなく、地域住民を巻き込んだ事業を開催する、地域住民のための事業を開催する、あるいは地域の祭りに出店するなどによって認知度を高めることで、ステークホルダーを増やしたり、有益性に関する理解を醸成したりすることができるだろう。

A2-2　地域の多様な主体にスポーツインフラを活用してもらう（第4章：大田区）

地域には、地域の活性化を目指して活動するさまざまな組織やネットワークが存在する。これらの組織やネットワークの活性化を促すひとつのコンテンツとしてスポーツインフラを適切に利用することができれば、スポーツインフラの価値が多くの機会で訴求できて、スポーツまちづくりにとっても有益である。そのためには日常的にそうした主体と積極的に交流をおこない、スポーツインフラの価値を訴求していくことが重要である。

A2-3　スポーツ以外のまちづくり事業にも関わる（第2章：気仙沼市、第3章：宇都宮市、第5章：三条市下田地区）

まちづくりの発端がスポーツに関する事業であっても、事業をスポーツに限定する必要は必ずしもない。例えば、スポーツ施設を利用してスポーツ以外の事業を実施する、スポーツ事業への協力者を増やすために近隣でほかの事業をおこなう、スポーツまちづくりに関わるメンバーがそのほかの事業にも関与する、など、スポーツ事業とのシナジーを見込めるような事業を実施することも考えていく必要がある。

A3

メディア戦略をもって効果的に情報を発信する

地道にいい活動をおこなって戦績をあげても、メディア戦略をもって広く情報発信していくことなしには、スポーツの情報がまちに届かない。近年のSNSの発展などによって情報発信に必要なコストは下がっている。専門的な人材を有して、効果的に情報を発信するための場所や媒体をもつことが重要になる。

A3-1　テレビ、新聞などのマスメディアによる情報発信（第6章：岡山市）

　スポーツまちづくりの活動が地元のマスメディアに取り上げられることは、効率的な認知拡大が可能になり、公的な活動だと認められるうえで効果的である。そのためにも、ネットワークのなかにマスメディア各社が参加していることは重要である。非公式のネットワークでは、その関係性が文字どおり非公式で密な場合、公開されていない情報が共有されることもあるだろう。未公開情報がマスメディア各社に流れるリスクをヘッジしたうえで、しかるべきタイミングで各社から一気に報道してもらったり、あるいは特集的な番組や記事にしてもらったりすることを、メディアがまちづくりに参画しているメリットと捉えていきたいものである。

A3-2　SNSやウェブサイトなどの利用（第4章：大田区）

　「Twitter」や「Facebook」をはじめとしたSNSやウェブサイトは、プロジェクト当事者による発信ができること、経費をかけずに開始できることから、特にプロジェクトのスタート時には有力な広報とパブリックリレーションズ（PR）の手法になる。当事者による情報発信は、その即時性自体に価値があるだけでなく、発信主体によって表現ややりとりに個性が出ることで、また価値が上がる。そして、当事者による情報発信の充実が先行することで、マスメディアを巻き込みやすくなる。

A3-3　口コミ、ビラ、祭りの活用（第2章：気仙沼市）

　もっとも原始的なメディアと言っていい口コミやビラ配り、祭りへの出店などは、対面的なコミュニケーションによる情報伝達という点でマスメディアやSNSにも劣らない影響力をもつ。口コミを促すには、モニターを集めてインパクトがあるプログラムを展開することなどがあるだろう。ビラ配りや祭りへの出店は、効果が見込めるならば、タイミングを見て取り組むことを考えてもいい。

A3-4　情報発信拠点を作る（第3章：能代市）

　地域情報を扱うメディアは多様になっている一方、地域によっては対面での情報伝達がメインだったり、地元紙が大きな情報源となったりしている現状が依然としてある。スポーツまちづくりに関する情報を共有し、適切な人的ネットワークと交流することができる拠点施設を設けることが必要である。その形態は、スタジアムやアリーナに限らず、ミュージアムやオフィシャルショップなどもある。能代市ではバスケミュージアムを設立して、企画展やイベントを通じて地域の内と外、両方に向けて地域情報の集約と発信をおこなっている。

A4

新たなスポーツインフラの創出

　スポーツまちづくりが進むなかで、その動きをより加速させるためのひとつの方法に、既存のスポーツインフラに加えて、新たなスポーツインフラを作ることがある。蓄積されたノウハウやネットワークを生かし、事業性を伴った新たなスポーツインフラを作ることができれば、スポーツまちづくりの飛躍の機会となる。

A4-1　プロクラブ／トップクラブの設立（第3章：宇都宮市、第5章：三条市下田地区）

　新たにプロクラブ／トップクラブを立ち上げ、スポーツまちづくりの充実に向けた事業を展開することは、スポーツまちづくりを加速させる。地域密着型のプロクラブやトップクラブが中心となり、スポーツ教室や市民向けのイベント、各種地域貢献事業などの地域に根ざした活動を継続的に展開することで、より多くの人々を巻き込みながら、スポーツの価値を広める活動を拡大することが期待できる。

A4-2　スポーツイベントの立ち上げ（第2章：三条市）

　スポーツまちづくりを展開するなかで、イベント開催のノウハウも蓄積され、スポーツ関係者へのネットワークが広がって、各種目の課題も少しずつ見えてくるようになる。各種目の課題やニーズを適切に捉えて新たなスポーツイベントを開催していくことを考えてもいい。

A4-3　スポーツ施設の整備・建設（第2章：気仙沼市、第6章：岡山市）

　スタジアム・アリーナ改革・整備は、スポーツを誘引とした地域の交流拠点創出や経済活性化に寄与するものとして多くの地域で構想されていて、国家的政策としても推進されている。大規模スポーツ施設の建設には、行政・政策的な意思決定が必要になるし、何より、莫大なコストがかかるため、市民・地域住民の合意や機運が必要になる。そのためにも、スポーツまちづくりの基盤となるネットワークの構築は必要不可欠である。そして、施設整備にかかるイニシャルコストと施設経営にかかるランニングコストを返していくための持続可能なビジネスモデルの構築のためには、スポーツまちづくりに参画するステークホルダーの対話による創発が求められる。

A4-4　スポーツミュージアムの整備・設立（第3章：能代市）

　地域で特定の種目が盛んに取り組まれている場合、競技に触れるために、大会やスタジアム、アリーナなどがスポーツインフラになるケースが多いが、ミュージアムや博物館が重要な役割を果たすこともある。特に、学校やチームの栄光の歴史や地域の記憶を受け継いでいくことに加えて、日頃からそのスポーツに触れることができる「場」として重要な機能を果たす。市民や団体がスポーツまちづくりに関する活動をする際の接点として活用していくことも可能だろう。

A5

競技人口を増やし裾野を拡大する（第2章：気仙沼市、第3章：宇都宮市）

　競技人口を増やすことは、スポーツインフラの価値を高めるために重要である。競技人口が増えるということは、それだけその競技に関心をもつ人が増えるということであり、その結果、スポーツまちづくり事業に関わる人が増える。特に自転車やボウリングのような人々の身近にあるスポーツでは、こうした競技人口の増加は非常に重要となる。

A6

競技結果に影響を受けるなかでもインフラの機能を維持する（第3章：能代市）

　スポーツの大きな特徴は、勝敗がはっきりするということだ。そのために、試合結果がすべてではないが、全国レベルでの試合結果、あるいは国

際大会への出場といった結果を残すことが市民にとっての誇りになったり、支援者にとっての動機づけになるということが大いにある。逆に、結果が期待どおりに出ないことが続くと市民の厳しい視線にさらされることもある。そうした状況下でも、インフラとしての機能を維持しなければスポーツまちづくりが止まってしまう。競技力向上に取り組みながら、インフラ機能を高めるための工夫をしていく必要があるだろう。

Q8
より多くの人たちや組織を巻き込み、まちの内外にネットワークを広げるためには？

　スポーツまちづくりの発展のためには、それを支え、関心を共有する人たちをより広げていく必要がある。Q7で指摘したように、スポーツインフラの価値を高めることでネットワークの拡大の機運を作り、同時に、ネットワークを広げるための活動をおこなっていくことが必要だ。

A1

常に開かれたメンバーシップで会議をおこなう（第6章：岡山市）

　スポーツまちづくりでのネットワークは、まちづくりの方向性やその進め方についての合意形成や活動が新たに作り出される基盤になる。ネットワークのメンバーの多様性によって組織や都市の創造性が生まれること（野中郁次郎の知識創造理論やリチャード・フロリダのクリエイティブ都市論など）を踏まえれば、スポーツまちづくりのネットワークは、その内部に多様性を備えている必要がある。そのため、ネットワークは常に開かれている必要があり、その集まりでの発言は常に自由でなければならない。ただし、開かれたメンバーシップを維持し、合意形成を得るためにはそれを主導し調整する個人や組織のリーダーシップが必要になる。

A2

フォーマルな組織を作る（第3章：能代市）

　スポーツまちづくりの担い手として、推進するための組織（協議会、推進委員会など）を設置することも重要である。行政が関与することで、事業の位置づけが公的になり、関係部署をはじめ市内の団体や組織がまちづく

り事業に関わりやすくなる。またその組織は、緩やかな主体間のネットワークが機能するためのプラットフォームになりうる。ただし、まちづくりの担い手として多様な人が関わることが必要なので、メンバーシップには気を配る必要がある。特に年代の若い市民を中心に構成することで、審議会形式ではなく実践を伴って推進していくことが可能になる場合もある。また、地域外から有識者や事業者が参画することも重要であり、情報共有をすることでさまざまな主体同士が連携して新たな活動につながる可能性がある。

A3

別のネットワークを取り込む（第3章：能代市、第4章：大田区）

　商店街や町内会、青年会、体育・スポーツ振興会といった既存のネットワークとは別のネットワークと協働することで、支援の輪を広げられることがある。ほかの組織やネットワークの長や幹部に理解を得て、自組織の理事や幹部に入ってもらうことで、個別に支援を求めるよりも効果的に賛同者を増やせる場合もある。ただし、こちらも相手の組織やネットワークの結成趣旨やコンセプトを理解して協調できるラインをあらかじめ決めておかないと、当該組織との決裂によって逆に多くの賛同者を一度に失うことにもつながりかねない。こうした事態に陥らないように、組織間連携で相互理解・相互信頼を構築することに十分に時間をかけ、段階的に進めてもいいだろう。

注

（1）松橋崇史／金子郁容／村林裕『スポーツのちから――地域をかえるソーシャルイノベーションの実践』慶應義塾大学出版会、2016年

第8章

スポーツまちづくりの進め方
事例比較からのインプリケーション

松橋崇史

ここまで、スポーツまちづくりの方法論的枠組みとして、スポーツまちづくりCUBEを提示して、第2章から第6章にかけてそれに沿ってさまざまなスポーツまちづくりの事例を分析してきた。第7章ではCUBEの3要素を基準に実践的な示唆をQ&A形式で提示した。

　本章では、第7章で個別に分けた説明を、再度、スポーツまちづくりCUBEを使って組み合わせながら、スポーツまちづくりの方法論を検討したい。スポーツまちづくりCUBEの「社会的ネットワーク」「スポーツインフラ」「事業性」の関連性を意識しながら、本書で扱った事例を横断的に分析し、スポーツまちづくりの進め方で考慮すべき点を提示する。

　各事例が示すように3要素は互いに影響を与え合っているが、スポーツまちづくりでは特に、スポーツインフラの充実がネットワークの拡張や事業性の安定に強い影響を与える（もちろん、その逆もありうる）。以下では、スポーツインフラを軸に、各要素を高めるための方法を考えていきたい。

1 スポーツインフラ

　本書を通じて、読者のなかにもスポーツインフラのイメージが膨らんできたと思う。スポーツインフラは、まちづくりの促進機能を有する「インフラ」としてのスポーツのことだ。スポーツインフラには、スポーツの大会やリーグ、クラブや選手、スポーツ施設などが含まれる。逆に、その地域にプロクラブが存在しスポーツ施設が立地していたとしても、スポーツがまちづくりを促す機能をもたない（まちづくりのために使いにくい）場合、それらはスポーツインフラにはならない。

● 「まち」が保有することができるスポーツインフラ

　スポーツまちづくりのインフラになりえるスポーツには、スポーツの大会やリーグ、クラブや選手、スポーツ施設などさまざまあるが、そもそも、それらのなかには、まちづくりの舞台である「まち」[1]が保有することができるものと、そうでないものがある。まずは、これを分けて考えることが重要だ。

　なお、保有とは単純に所有しているということではなく、その「まち」が、スポーツまちづくりをおこなううえで主体的にマネジメントできる対

象である（そして対象側もそれを受け入れている）ということである。スポーツ施設やトップアスリートは「まち」が保有することが可能だ。プロクラブや地域が独自におこなっているスポーツイベントも「まち」が保有することができる。トップアスリートは、現住所や所属チームが「まち」になくても、アスリートが出身地域に愛着をもって対応すれば、"わが町出身のトップアスリート"ということで「まち」が保有できるスポーツインフラとなる。例えば、ピョンチャン・オリンピックで金メダルを獲得したスピードスケートの高木菜那・美帆姉妹が育った北海道幕別町にとって、高木姉妹は「まち」が保有するスポーツインフラであり、ピョンチャン・オリンピックの際は連日の活躍に町が盛り上がり、パブリックビューイングにも多くの人が集まり、それがメディアで報道された。幕別町が推進するアスリートの発掘・育成の取り組みにも弾みがついた。

　一方で、「まち」が保有することができないスポーツインフラも多い。本書がスポーツインフラとして扱ってきたオリンピックやパラリンピック、ワールドカップなどの世界大会、国体やインターハイなどの全国大会、メジャーリーグやプロ野球、Jリーグなどの世界規模／全国規模のリーグを「まち」が保有することはできない。地元で開催される全国大会／世界大会に参加するトップアスリートたちやトップクラブも、当然ながら、「まち」が保有することはできない。こうした世界大会や国内リーグ、アスリート集団に対しては、「まち」は、それにアクセスすることができるだけだ。

　それでは、スポーツまちづくりのスポーツインフラとして、保有することができるものと保有することができないもの（アクセスしかできないもの）とでは、どちらが大事か。答えは、テーマにもよるが、多くの場合「両方大事」ということになる。

　第4章では、東京都大田区の下町ボブスレーの事例を扱った。下町が保有することができたのは「ボブスレー」や日本代表候補の選手たちである。一方、オリンピックやそこに参加する代表チームを下町は保有することができず、アクセスを試みただけである。

　下町ボブスレーでは、「まち」が保有できるものと保有できずアクセスしかできないものの両方が重要であることは明確だ。有志の町工場が一丸となって開発した「ボブスレー」は、オリンピック種目の用具であるからこそ開発の意義があった。代表チームにオリンピックで使用してもらう可

能性を高めることで開発に力が入り、下町ボブスレープロジェクトに参加する有志の町工場を増やして、社会的ネットワークを広げることができた。結果的にオリンピックというスポーツインフラへのアクセスには失敗したが、アクセスを試みただけでも多くの反響があったことは、みんなが知るところである。

表1は本書が扱った事例で、スポーツインフラとして機能したもののなかで、「まち」が保有することができるスポーツインフラと保有することができないスポーツインフラ（アクセスするもの）を分類したものだ。現在

表1　本書で扱った事例のスポーツインフラの分類

		スポーツインフラの種別	
		「まち」が保有する スポーツインフラ	「まち」がアクセスしよう とするスポーツインフラ
第2章	宮城県気仙沼市	ボウリング場	なし
	新潟県三条市 三条市民球場	スタジアム、三条野球祭り、大学野球サマーリーグ	プロ野球、大学野球
第3章	秋田県能代市	能代工業、能代カップ、バスケミュージアム、バスケリング、まちなかのバスケ構造物	Bリーグ、全国トップレベル高校バスケット
	栃木県宇都宮市	宇都宮ブリッツェンと所属選手、サイクルステーション、道路（レースコース、自転車専用通行帯、サイクリングロード）	国際レース、全国大会
第4章	東京都大田区	ボブスレー	オリンピック、代表チーム
	福岡県筑後市	プロ野球の2軍施設	球団　NPB（プロ野球）
	北海道北広島市	プロ野球のスタジアムを中心としたベースボールタウン、球団（いずれも予定）	NPB（プロ野球）
第5章	岡山県新庄村	トレイルランニング大会、トレイルランニングコース	トレイルランニングアスリート、UTMBなどの国際レベルのトレイルランニング大会
	新潟県三条市 下田地区	地域おこし協力隊として赴任したアスリート、大学野球チーム、廃校／地区公民館	オリンピック、大学野球
	北海道北見市 常呂町	カーリング施設、ナイトリーグ、LS北見と所属選手	オリンピック
第6章	岡山県岡山市	岡山シーガルズなど市内のトップクラブ、活動拠点を岡山におくトップアスリート、岡山で開催されるスポーツイベント、建設構想中のアリーナ	より上位カテゴリのトップリーグ、全国大会、世界大会、合宿誘致の対象となるトップレベルのチーム・アスリート

進行中のプロジェクトを含む事例も扱っているため、「計画中」も含めて提示している。

なお、気仙沼市のボウリング場の事例では、アクセスすることによってスポーツまちづくりを促進するインフラが見当たらない。それは現状、プロボウリングやボウリングの全国大会が「誰もが憧れる」レベルの存在ではないためである。将来的にボウリングがオリンピック種目になれば、この構図も変わるかもしれない。それでも、現在の気仙沼市のボウリング場がインフラとして機能し、スポーツまちづくりをおこなえている理由は、ボウリングという種目が老若男女問わずに多くの人にとって楽しむことができるスポーツだから、そしてボウリング場が主体的にコミュニティの形成を図ろうとしているからである。まちが有するスポーツインフラだけでスポーツまちづくりを推進することもインフラの選択と工夫次第で、十分に可能だということである。

●スポーツをインフラとして機能させるのは誰か

スポーツまちづくりで重要なのは、誰がどのように、スポーツをインフラとして機能させるのか、ということだ。

ここでも、「まち」が保有することができるのかどうかが、まずは重要になる。

「まち」が保有することができるインフラであれば、「まち」が主体となって、それをまちづくりのためのインフラとすることができる。つまり、クラブやイベント、施設などをインフラとして生かして、社会的ネットワークを広げたり、事業性の確保に取り組んだりできる。プロクラブやスポーツイベントであれば、その運営者や支援者（ここには社会的ネットワークに含まれるさまざまな主体が含まれる）がインフラとして機能させることができる。選手は自分自身や支援者が、インフラとして機能させることができる。繰り返すが、仮にクラブや施設などが「まち」に存在していても、それらがまちづくりのためのインフラとして機能していなければ、「まち」はスポーツインフラを保有したことにはならない。

では、「まち」が保有できず、アクセスしかできないプロリーグや全国大会、世界大会などは、どのようにスポーツインフラとして活用するのか。ここでは、"「まち」が保有するスポーツインフラ（クラブや選手）"のはたらきが鍵になる。「まち」が保有するスポーツインフラがインフラと

して機能することは、同時に、それらが参加する大会や属するリーグ（「まち」にとってはアクセスしかできないスポーツインフラ）を「まち」がスポーツインフラとして活用することに道を開く。

スポーツまちづくりでは、この点がとても重要である。例えば、クラブが地元に寄り添い、まちづくりのインフラになろうとすることによって、「まち」はそのクラブが所属するリーグもまちづくりのスポーツインフラとして利用できるようになる。あるいは、オリンピアンをまちのシンボルとしてみんなで応援しようという機運が高まって、実際にみんなで応援するからこそ、オリンピックが、スポーツまちづくりのインフラになりえるのである。さらに、地元出身者で編成され、みんなが応援して育てたチームが甲子園に出場すれば、野球部とともに甲子園という大舞台も、スポーツまちづくりのインフラになる。2015年の春季選抜大会に出場した小豆島高校野球部の試合に8,000人もの住民が応援に駆け付けたのは、その証左だった。[(2)]

このとき、「まち」が保有するスポーツインフラは、「まち」が保有することができない全国レベル・世界レベルのリーグや大会という「まち」からすれば遠いところにあった「華の舞台」との橋渡し役をしていることになる。「まち」と「世界（その種目の世界レベル）」をつなぐ存在だからこそ、支援や応援にも力が入る。

●スポーツインフラの選択

スポーツまちづくりに新規性や将来性があるかどうか、投資効果がある取り組みなのかどうか、つまり事業性を確保するための道筋をたてやすいかどうかは、まちづくりとしてどのようなスポーツインフラを保有しようとするのか（表1の左側）、それと同時に、どのようなスポーツインフラにアクセスしようとするのか（表1の右側）、ということと密接に関係している。

集客を見込むイベントの開催やトップレベルの選手を輩出しようとすることなど、ほかの地域との競争関係が生じるスポーツインフラを対象とする場合、地域間競争を前提にインフラを選択する必要がある。本書でふれた事例であれば、岡山県新庄村のトレイルランニングは、他地域との競争を前提に始まったスポーツまちづくりである。また、一般的にプロクラブを保有することは、近隣地域のクラブや同一地域のほかの競技のプロクラ

ブとの競争にさらされるということでもある。その場合、過競争環境が発生しやすい。さらに、大規模なスポーツ施設を建設する場合でも、近隣地域や隣県の動向を見極めていかなければ、スポーツまちづくりに正の影響だけではなく負の影響を与えかねない。

だが一方で、矛盾するようだが、スポーツまちづくりをおこなっている地域にとって、スポーツインフラの選択は、数ある選択肢のなかから熟考を重ねて選ぶというよりも、そのときどきのタイミングや伝統を含めたその地域の既存資源（クラブ、施設、伝統、地理的な自然環境）によって、ある種の「成り行き」で進むことも多く、そのようなケースが成果をあげる場合もある。この場合、地域がもつ選択肢は、その「成り行き」で動きだすスポーツまちづくりに乗っかって活性化を図っていくか、いかないか、ということになる。

宇都宮市は、現在、ロードレースを柱とした「サイクリングのまち」としてさまざまな活動に取り組んでいるが、当初は、競輪場を利用した自転車競技の誘致を試みていた。だがそれには失敗し、結果的に誘致できたのはロードレースの大会だった。関係者のもくろみは外れたが、実際にロードレースの大会が始まると、公道を疾走するレーサーの姿に多くの人が魅せられていくことになる。まちづくりの観点からは、ロードレースの会場となったことが、結果的によかったのである。本意ではないスポーツ振興がスポーツまちづくりに発展した事例はほかにもある。国体開催を契機に始まった「ホッケーのまち」や「ハンドボールのまち」などのスポーツまちづくりも、「成り行き」で発展してきたものが多い。(3)

カーリングのまちである北海道北見市常呂にカナダからカーリングがもたらされたのも、「偶然」だった。常呂にカーリングが伝播した翌年に世界チャンピオンが訪れて本格的な整氷技術がカナダから輸入されると、常呂町民の心をつかんでいった。整氷技術が支える屋外のカーリング場が常呂のカーリング文化を育み、多くのトップ選手を輩出したナイトリーグの創設につながっていった。

本書で紹介した三条市下田地区や岡山市のSPOCの事例は、スポーツまちづくりを推進するために社会的ネットワークを広げながらどのスポーツをインフラにするのかを検討して選択したケースだ。三条市下田地区では、山岳地帯を生かしたトレイルランニングに着手しようとしたが、その後に方向転換して、サッカーを生かした合宿誘致やクラブづくりをおこな

第8章　スポーツまちづくりの進め方

い、そのなかで外部から多様な人材を集めていった。現在は、陸上や野球などほかの種目も用いながらのスポーツインフラ形成の試行錯誤を繰り返している。

　岡山市のSPOCからはさまざまな活動が派生的に生まれているが、そのときどきの政策アジェンダに取り組み、2017年には「おかやま運動部活動検討委員会」を立ち上げ、18年にはスポーツ庁の目玉事業のひとつであるスタジアム・アリーナ改革推進事業（平成30年度スポーツ産業の成長促進事業：先進事例形成支援）に採択され（被採択主体は岡山大学）、アリーナ建設をトリガーに岡山活性化の機会を提供しつつある。

　どのようなスポーツインフラとめぐりあうのか、あるいは選択するのかは、スポーツまちづくりにとって最重要事項のひとつだが、繰り返すように、それを予定調和にコントロールすることは簡単ではない。スポーツまちづくりをおこなうと決めた地域にとっては、既存資源をスポーツインフラとして機能させるべくみんなで汗をかきながら進めていくとともに、新たなスポーツインフラを得るために戦略的かつ計画的に活動を進めていく必要がある。

2 | 社会的ネットワーク

　スポーツまちづくりCUBEの社会的ネットワークは、スポーツまちづくりをめぐる組織・団体や関係者の連携・協働のつながりのネットワークである。スポーツまちづくりを進めていくことに共感する多様な人たちが参加していて、第6章までに参照してきたとおり、その規模も範囲も多様である。第3章の能代市や第6章の岡山市の事例のように、「まち」の内部にすでに存在しているネットワークを中心にするものもあれば、「まち」の範囲を超えて、スポーツまちづくりのテーマに共感したり関心をもっていたりする人たちで構成する場合もある。三条市下田地区のスポーツまちづくりを推進したネットワークはまさに、地域外の人々を巻き込むことで形成されていった。

●**社会的ネットワークの形成**
　スポーツまちづくりの社会的ネットワークの形成方法を検討していくう

表2　各事例の社会的ネットワークの形成を主導する主体

章	事例（地域名）	ネットワーク形成の主導主体
第2章	宮城県気仙沼市	気仙沼さくらボウル：丸和
	新潟県三条市 三条市民球場	三条市民球場の指定管理者：丸富
第3章	秋田県能代市	能代市、バスケの街に共感した市民や出身者
	栃木県宇都宮市	宇都宮ブリッツェン
第4章	東京都大田区	ボブスレーネットワークプロジェクトを主導した人々
	福岡県筑後市	筑後市、HAWKSベースボールタウン筑後
	北海道北広島市	北広島市、北海道日本ハムファイターズ
第5章	岡山県新庄村	SHINJO-HIRUZEN SUPER TRAIL実行委員会
	新潟県三条市 下田地区	NPO法人ソーシャルファームさんじょう、地域おこし協力隊
	北海道北見市 常呂町	常呂カーリングクラブ
第6章	岡山県岡山市	SPOC（おかやまスポーツプロモーション）研究会

えでは、①社会的ネットワークの形成を誰が主導するのか、②社会的ネットワークは、地域の内と外、どちらに広がるのか、の2点が重要になる。

表2は、本書が扱った事例で社会的ネットワークの形成を主導している主体を示している。こうした主体に影響されながら、さまざまな人々や組織が社会的ネットワークの形成の担い手として動き、さらに、社会的ネットワークが広がっていく。単独ではなく、さまざまな人々や組織が有機的に連携しながら社会的ネットワークを広げていくことが重要であり、スポーツまちづくりの推進状況によっても担い手は変わっていく。

● **社会的ネットワークが広がるプロセス**

表3は、社会的ネットワークの広がりを、①社会的ネットワークの形成を誰が主導するのか、②社会的ネットワークが地域の内と外、どちらに広がっているのかの2軸によって、4象限に分けたものだ。スポーツまちづくりの社会的ネットワークは、これらの象限を満たしていくなかで広がりをみせていく。

表3の左右を分ける軸は、社会的ネットワークの形成を誰が主導したのかである。左側の「スポーツインフラを取り巻く地域内の組織やメンバ

表3　スポーツまちづくりをめぐる社会的ネットワークの4象限

		社会的ネットワークの形成主導主体	
ネットワークの広がりが地域の内か外か		スポーツインフラを取り巻く地域内の組織やメンバー	スポーツインフラになるクラブや大会、施設の経営組織
	地域内	第2象限	第1象限
	地域外	第3象限	第4象限

ー」とは、地方自治体や既存のネットワーク内のリーダーなどが主導する場合である。右側の「スポーツインフラになるクラブや大会、施設の経営組織」とは、スポーツ施設管理者、トップクラブなどを指している。上下を分けるのは、社会的ネットワークが地域の内外、どちらに広がりをもっているものなのかということを示している。

　本書で扱った11事例がいずれの象限からスポーツまちづくりを始めたのかを分類してみると、下記のとおりになる。

　　第1象限　ボウリング場（宮城県気仙沼市）、市民球場（新潟県三条市）
　　第2象限　バスケの街づくり（秋田県能代市）、自転車のまち（栃木県宇都宮市）、下町ボブスレー（東京都大田区）、福岡ソフトバンクホークスとのパートナーシップ（福岡県筑後市）、トレイルランニング大会（岡山県新庄村）、カーリング（北海道北見市常呂町）、SPOC（岡山県岡山市）
　　第3象限　新潟県三条市下田地区
　　第4象限　日本ハムファイターズとのパートナーシップ（北海道北広島市）

　第2章で扱った気仙沼のボウリング場と三条市の野球場の事例は、第1象限から社会的ネットワークの広がりが始まっている。スポーツ施設の運営者が、地域に開かれたイベントや施設運営をおこない、地域の人々にはたらきかけることで社会的ネットワークが立ち上がっていくパターンである。気仙沼市では、ボウリング場が人々の憩いの場となってつながりを生み出すための工夫をしていき、さらには、マルシェの開催などの形で地域

の人々を巻き込んで地域のネットワークのハブになろうとしていった。

　本書で扱った多くの事例は、第2象限から始まっている。秋田県能代市のバスケの街づくりは多くの関係者／ステークホルダーをまとめるために能代市がネットワーキングを主導した。

　第5章で取り上げた三条市下田地区は第3象限に該当する。地域にとらわれることなく知り合いをつてに三条市下田地区でスポーツまちづくりに関わろうという人たちを探して地域おこし協力隊に誘い、就任した地域おこし協力隊員たちが次なる協力隊員を呼び寄せていった。

　第4章で扱った北海道北広島市と北海道日本ハムファイターズとのパートナーシップは、1軍の本拠地を構える球団がネットワーク構築に力を発揮することが想定できるため、第4象限に位置づけられる。このような事例はこれまでのプロ野球球団によるまちづくりではみられなかったものであり、注目に値する。

　4つの象限を埋めるように発展した事例に新潟県三条市のものがある。

　三条市民球場の事例では、まず、指定管理者が施設運営や仕事上の付き合いがある個人／組織につながりを作っていった（第1象限）。そのつながりのなかから生まれた支援者が域内でネットワークを広げ（第2象限）、それと並行するように、指定管理者が地域外のスポーツインフラにアプローチしていった（第4象限）。その活動によって誘致できたイベントに刺激を受けて、地域外にもネットワークが広がっていった。ポイントは、各象限に色を塗るように、社会的ネットワークが広がっている、ということだ。

表4　新潟県三条市での社会的ネットワークの広がり

		社会的ネットワークの形成主導主体	
		スポーツインフラを取り巻く地域内の組織やメンバー	スポーツインフラになるクラブや大会、施設の経営組織
ネットワークの広がりが地域の内か外か	地域内	STEP2 三条市内の野球関係者がほかの人々にはたらきかけるなどしてネットワークが広がる	STEP1 地元スタジアムへのプロ野球の試合誘致を契機としてネットワークを作り始める
	地域外	STEP4 プロ野球ファーム戦や大学野球サマーリーグの継続開催を支えるネットワークが域外に広がっていく	STEP3 トップアスリートや強豪大学野球部にネットワークを広げていく

●社会的ネットワークの原点の重要性

　スポーツまちづくりの社会的ネットワークが拡張していっても、活動の原点となる社会的ネットワーク（多くの場合、まちのなかにいるリーダー）の役割が薄れるわけではない。例えば、岡山市で展開されているSPOC（岡山県内のメンバーを中心とした社会的ネットワーク）から、今後、さまざまな活動が派生し、それぞれがスポーツインフラや事業性を獲得し、SPOCとは別のネットワークを作っていったとしても、それぞれの派生した活動にとってのSPOCの役割やそれを主導してきた梶谷会長などの役割が減るわけではないだろう。SPOCから派生した活動であるからこそ、SPOCに立ち返りながら、岡山市や岡山県のまちづくりに寄与するということを基礎に置きながら、活動を展開していくことが重要になる。

●社会的ネットワークの広がりを支えるソーシャルキャピタル

　社会的ネットワークは人と人とがつながり、そこで生まれた関係が密なものに変化していくことによって広がっていく。そうしたネットワークを維持したり広げたりすることには大きなパワーが必要になるが、メンバーが共有できる目標や育てていくべきスポーツインフラが固まり、それに向けて、みんなで動きだし、交流が活発になることによって、ネットワーク内の「ソーシャルキャピタル」が高まれば、社会的ネットワークは自立的に広がりやすくなる。

　ソーシャルキャピタルとは、市民間の相互援助や協調関係を支える心意気で、日本の地域社会での「お互いさま」や「お世話になったから」「みんなのために頑張ってもらっているから」というような気持ちからくる自発性だ。

　本書の著者の一人である松橋は、『スポーツのちから』[4]で、ソーシャルキャピタルを高めることでスポーツまちづくりが進んでいく過程を分析したが、ソーシャルキャピタルが高いネットワークが地域に育つことは、スポーツまちづくりに継続性をもたせ、スポーツまちづくりが発展しやすい土壌を作る。

　ソーシャルキャピタルを高めるための方法は、いいネットワークを作ろうとする過程に重なる。主導するリーダーがまず実行に移せるのは、身近な人たちや組織の協力を得ながらさまざまな活動を始めていくことである。地域の問題を共有するためのミーティングをおこなうことだったり、

イベントを誘致してそれに取り組むことだったり、一緒にボウリングや登山の企画をおこなうことかもしれない。その結果、スポーツまちづくりの意義が共有できて、参加者が活動にやりがいや信頼感を覚えていくことが、ソーシャルキャピタルを高めるための「第一歩」となる。「選手やリーダーが頑張っているのだから私たちも協力しよう」「いつも助けられているから今回は私たちが手を貸そう」「まちづくりに必要な活動だから応援しよう」「まちのみんなが応援しているから私もできることはしよう」といったモチベーションで支援を買って出るような人たちをどのようにして増やしていけるかが重要だ。これが可能になれば、スポーツまちづくりをめぐる社会的ネットワークの維持と拡張を図りやすくなる。

　ソーシャルキャピタルが高まればさまざまな取り組みが進めやすくなるが、ソーシャルキャピタルを高める難しさは、常に何かしらの活動がおこなわれていないと次第に低くなってしまう可能性があることだ。その点でスポーツまちづくりは、クラブやイベント、施設を運営する人々がネットワークにはたらきかけることで、さまざまな活動を喚起できる。定期的に開催する大会やリーグ戦は、一緒に企画運営をおこなったり、一緒にプレーしたり応援したりする場となり、ソーシャルキャピタルを維持したり高めたりする機会を提供していく。

3 事業性

　「事業性」は、新規性や将来性、あるいはまちづくりとしての投資効果が高い活動をおこなうことで必要な資源を確保し、スポーツまちづくりに継続性をもたせていくことである。本書の事業性は、経済的な自立性や継続性だけではなく、スポーツまちづくりの持続可能性を高めるうえで必要なあらゆる資源の調達・活用の自立性や継続性をさす。

　事業性を高めることに的を絞った個別の方法論は第7章で提示した。共通するのは、①スポーツインフラの選択が鍵を握ること、②何らかの名目で官民双方が資源を出し合っている官民協働のスタイルをとっていること、③社会的ネットワークに支えられていること、である。

● **スポーツインフラの選択が鍵を握る**

　事業性確保の第一の鍵は、まちづくりとして新規性や将来性があってみんなで取り組む価値があるかどうか、という点にある。したがって、まずは、どのようなスポーツインフラを保有およびアクセスするのかが重要になる。

　スポーツまちづくりのスポーツインフラが決まり、その活動のために資源が必要になれば、事業性確保のために動いていくことになる。宇都宮市が誘致してきたロードレースは、競輪場という自転車文化が存在するまちで、新しい切り口からまちを元気にする新たなイベントとして捉えられ、支援が広がっていった。三条市の三条市民球場でおこなわれたプロ野球ファーム戦は、三条市にプロ野球の試合を定期的に誘致するという取り組みに意義を見いだした地元企業が協賛として活動を支えた。

● **民が主導でも官の協力を得ることが重要**

「事業性」を確保するパターンはさまざまだが、多くのスポーツまちづくりに共通していることは、政府・自治体と民間の双方が資源や力を出し合っていることである。官民協働のわかりやすい例は、指定管理者制度や何らかの委託事業、補助事業の形態で公的資金がスポーツまちづくりの活動に向けられたり、実行委員会方式をとって一緒に活動をおこなったりすることだが、それだけではない。施設の建設に国の補助制度（過疎債なども含む）を用いる、地域おこし協力隊のように人件費と活動費について国から補塡を受ける、期限付きで土地の無償提供を受ける、なども含まれる。スポーツまちづくりを主導するのは、まちの活性化を目指す民間の力であることが多いが、その活動を推進するにあたっては、政府・自治体の制度をうまく活用していくことが重要だ。

● **活動をオープンにして、社会的ネットワークを育み、支えてもらう**

　スポーツまちづくりの肝は、多様な主体が関わりをもって、みんなが支えるようにすることだ。中心メンバーにならなくとも、企画会議のメンバーに加わる、ボランティアとして現場を支える、サポーターとして応援する、沿道から選手を励ます、時間は割けないが協賛として支援する、グッズを購入して身に着けるなど、支えるチャネルはいくつもある。スポーツインフラが機能して魅力を高めることが、多様な主体を引き付け、彼らが

関わるチャネルを増やすことで支援の輪が広がる。

●協働のコストを下げるために

　スポーツまちづくりをおこなうためには、多くの人や組織を巻き込んで、それを意図的に広げていく必要がある。社会的ネットワークを広げるということは、関わる人を増やすことでもある。一方で、ネットワークを広げていけば、関係性を維持するためにいろいろな手間がかかることになる。情報の共有が難しくなって意思決定も煩雑になり、みんなで協働を実現するためのコストである「協働のコスト」(5)が増える。

　協働のコストを抑えなければ、リーダーの負担がいたずらに増加したり、活動にただ乗りするフリーライダーが発生したり、その結果、全体として「共有地のジレンマ」(6)のような状況に陥ったりしかねない。そうなれば活動の継続性が危うくなる。協働のコストを抑えることは、多様な人々が関わる活動には常につきまとう課題だが、スポーツまちづくりにとってもその低減は重要である。本書でみてきた協働のコストの低減に向けたアイデアは、次の3つだ。

　第1に、法人格の取得などを通じて、（活動の全体、あるいは一部を担う）フォーマルな組織を創設することがある。有志が集まるインフォーマルなグループは、アイデアが生まれやすく、動きも身軽だ。スポーツまちづくりの場合でも、こうしたグループによって活動が始まる場合が多い。だが、そのままグループが大きくなると協働のコストが大きくなり、リーダーへの負担が増える。フォーマルな組織を設けることは、ビジョンやミッション、対象となる活動、メンバーシップとその役割を固めていくことにつながる。フォーマルな組織の創設には一定のコストが生じるが、この対策で協働のコストは抑えられやすくなる。

　第2に、社会的ネットワーク内部のソーシャルキャピタルが高く、メンバー間に相互信頼があって、交流が活発で、自発的な協力が生まれやすければ協働のコストは抑えられる。そのため社会的ネットワークは、何らかの活動を通してソーシャルキャピタルを豊かにするプロセスを組み込みながら、広げていく必要がある。協働のコストが抑えられていれば、次の活動が生まれやすくなって、スポーツまちづくりが推進されていく。ソーシャルキャピタルを高める方法は、先に説明したとおりである。

　第3に、スポーツインフラの価値と魅力を高め、より高次のスポーツイ

第8章　スポーツまちづくりの進め方

ンフラにアクセスしようとすることが、スポーツまちづくりにダイナミズムを与え、人々を動かす大きな原動力となる。共通の目標に向けて動くなかで、進んで協力する人が増えれば、協働のコストが抑えられる。スポーツまちづくりは、スポーツインフラをうまく生かすことで、「共通の目標」を設定しやすい。全国レベル、世界レベルのステージで戦うこと、いい成績を収めること、大会を盛り上げること、スポーツ施設を使いやすくにぎわいがあるものにすること、人が多く訪れるようなイベントにすることなどを「共通の目標」に設定し、その実現過程で多くの協力を得やすい状況が生まれる。

こうした協働のコストを抑える手立ては必要だが、協働のコスト自体は必ず発生する。まずは誰かがそれを引き受けることが重要だ。スポーツまちづくりを志すことを批判したり努力が徒労に終わったりするようなこともあるかもしれないが、そこで力の出し惜しみをしていては動くものも動かない。引き受け手は、個人の場合もあるし、グループの場合も組織の場合もある。社会的ネットワークの核を誰が引き受けるのか、誰がまちづくりのアントレプレナーシップを発揮するのかということである。次第に、スポーツまちづくりのビジョンとシナリオが共有されて実際にスポーツインフラが機能し始めれば、ネットワークへの参加者も増え、協働が軌道に乗って、スポーツまちづくりがうまく進み始める。

注

（1）本章では、スポーツインフラを「まち」が保有したりアクセスしたりするものとして描き、「まち」が主体性をもって判断をおこなうものとして描くが、そこでの判断は、スポーツまちづくりを主導する主体（リーダーや組織）が中心になり、スポーツまちづくりに関わる社会ネットワーク（多様な人々や組織、コミュニティ）の力を得ながらおこなわれていることを想定する。
（2）表1は、本書の各事例のスポーツインフラを表しているが、実は、それと同時に「まち」が保有するスポーツインフラが、「まち」が保有できないスポーツインフラへのアクセスの道を開いていることをも表している。
（3）全国には、「ホッケーのまち」と呼ばれる地方自治体がいくつか存在している。島根県奥出雲町、岩手県岩手町、富山県小矢部市などがそれで、多くのホッケー日本代表を輩出していることで知られている。「ホッケーのまち」のホッケー振興は、国民体育大会でホッケー会場になったことを契機に始まっている。だが、当初からホッケー会場になることを熱望したわけではなく、メジャー種目の大都市

開催が決まるなかで、消極的に選択したものだった。誰もルールがわからないなかで、東京から指導者を呼ぶなどして始まったホッケー振興が、今日のまちづくりにつながっているのである。
（4）松橋崇史／金子郁容／村林裕『スポーツのちから——地域をかえるソーシャルイノベーションの実践』慶應義塾大学出版会、2016年
（5）伊藤修一郎／近藤康史「ガバナンス論の展開と地方政府・市民社会——理論的検討と実証に向けた操作化」、辻中豊／伊藤修一郎編著『ガバナンス論の展開と地方政府・市民社会——理論的検討と実証に向けた操作化』（「現代市民社会叢書」第3巻）所収、木鐸社、2010年
（6）「共有地のジレンマ」とは、自発性が基本で強制力がはたらきにくいコミュニティに典型的に起こりうる状況をモデル化する際に引き合いに出されるもので、みなで協力すればコミュニティ全体にとってよりいい状態（集合的利益の実現）になりうるのに、個々のメンバーが「合理的」に行動することで、必然的にコミュニティ全体にとって望ましくない状況に陥ってしまうという状況を表したもの。地域スポーツにおける詳細は、次の論文を参照のこと。松橋崇史／金子郁容「学校体育施設の有効的活用を実現するための「共有地のジレンマ状態」の解決——NPO法人格を持つ総合型地域スポーツクラブの事例研究」、日本体育・スポーツ経営学会編『体育・スポーツ経営学研究』第26号、日本体育・スポーツ経営学会、2012年

おわりに

高岡敦史

　スポーツまちづくりは、文字どおり「まちづくり」です。まちづくりは、域外者を含む多様な関係者が対話を重ねて、主体的参画の機運を育み、地域の資源を発掘・開発して事業に投入し、まちを目指すべき方向に近づける地域創造の活動です。2020年の東京オリンピック・パラリンピックが終わったら低調になるような一時のスポーツまちづくりブームでは、ほとんど成果は得られないでしょう。

　東京一極集中の打破と低迷する地方経済の立て直しを進めようとする地方創生政策は、市民参加や産・官・学・金・言・スポーツの協働を基盤にする地域政策です。「消滅可能性都市」というセンセーショナルなワードの後押しもあって、地方創生は全国各地に広がりました。初代の地方創生担当相だった石破茂の言葉を借りれば、この政策は「おまかせ民主主義からの脱却」を企図したものでした。

　おまかせ民主主義とは、「やりっぱなしの自治体」「利益しか考えない企業」「無関心な市民」の3つのステークホルダーが、多数派政党によって掌握される国会と政権の意思決定に依存する形で進める、無責任な国づくり・地域づくりを表現したものでしょう。

　2020年オリンピック・パラリンピックの東京開催の決定が、国家政策としての地方創生と結び付くのは、世界一大きなスポーツイベントがもたらす経済波及効果を考えれば自然なことかもしれません。スポーツによる地方創生政策は、地域スポーツコミッションの創設、大規模なスポーツ大会やスポーツ合宿の誘致促進、スタジアム＆アリーナ改革[1]などに具体化されています。また、それ以前から開始されていたスポーツツーリズム推進政策[2]も、いよいよ時流の大きな波に乗りました。こうしたスポーツによる地方創生政策は、瞬く間に地方自治体へ下ろされ[3]、全国各地でスポーツによる地域活性化の取り組みが広がりました。まさに、スポーツまちづくりブームと言っていい状況です。

　まちづくりや地域活性化の取り組みは、スポーツにかぎらず、これまで

多様に展開されてきました。そこでは、対話による合意形成、市民参加・市民協働や多組織連携などの実践が求められてきました。阪神・淡路大震災や東日本大震災の大規模災害の被災地域や、消滅可能性都市と名指しされた地域にとってまちづくりは待ったなしの状況であり、そのための取り組みや地域政策は地域に対する危機感を基盤に動いているものと想像します。おそらく、独居老人の生活支援まちづくりも、特産品開発のまちづくりもある種の危機感がベースにあるでしょう。

　ひるがえって、スポーツまちづくりはどうでしょうか。

　一見華やかなスポーツは、まちづくりのトピックとして賛同を得やすいものです。スポーツまちづくりがネガティブなイメージをほとんどもたないことがブームになりえた条件なのかもしれません。しかし、危機感を伴わないまちづくりは、理念やビジョン、具体的な目標をもたないまま展開される傾向があったり、総論賛成だが、具体的な取り組みが始まった途端、各論反対が噴出したりします。また、多様な組織が連携・協働するに至らず、行政の担当職員や一部のスポーツ関係者だけが頑張らなければいけない状況に陥って疲弊してしまうこともあるでしょう。

　人口減少は止まりません。低迷する経済は2020年の東京オリンピック・パラリンピック後にさらに混迷を深めるかもしれません。私たちは未来社会をどのように描けばいいのでしょうか。15年9月の国連サミットでは持続可能な開発目標（SDGs）が示されました。また、「脱成長」[(4)]というキーワードも提案されています。スポーツまちづくりがどのようなまちの未来を創るのか、私たちは熟慮しなければいけません。本書が、現在進行形のスポーツまちづくりを一過性のブームに終わらせず、持続可能なまちをつくっていく地域全体の取り組みへとステップアップさせるための道標になり、期待と不安を抱えて頑張っているスポーツまちづくり関係者の方々にほんの少しの勇気を与えることができれば、本書の目的は達成されたと言えます。

　スポーツまちづくりCUBEは、スポーツまちづくりが備えておくべき「スポーツインフラ」「社会的ネットワーク」「事業性」の3つの要素を構造化することで「スポーツまちづくりの考え方」を示したものです。事例を読んでもらえればおわかりのように、各要素は関連していて、ひとつの要素はほかの要素を育む条件になります。また、各要素はいずれもスポーツまちづくりの基盤です。どの要素も重要で、欠けていていいものはあり

ません。

　スポーツインフラという要素には、スポーツや施設をまちづくりの共有可能な資源と捉え、それを地域全体で成長させていくことが含意されています。スポーツや施設の集客力や経済活性化の促進剤としての力はもちろん重要ですが、スポーツを生活の文化として大切に育んでいくことが基盤になるでしょう。

　社会的ネットワークという要素には、スポーツまちづくりに向かう連携・協働が重要であることが含意されていますが、その基盤には、信頼関係を育む対話や熟議が必要でしょう。まちのあるべき未来について多様な主体が知恵を出し合い、汗を出し合って探し出そうという機運が求められます。

　事業性という要素には、スポーツまちづくりの経済的な自立性や持続可能性が重要であることが含意されています。1つ1つの事業が（部分最適な）独立採算で持続的であることは重要ですが、それがまちや一部エリアの持続可能性につながっている必要もあります。まちやエリアの経済活動全体が連結決算され、全体最適を追求することも重要な視点でしょう。

　6人の執筆者は、それぞれが関わる現場の実践を、スポーツまちづくりCUBEに沿って解説しました。

　その執筆作業は、それぞれの現場理解を何度も突き合わせて、解釈や説明のズレを埋めていくものであると同時に、スポーツまちづくりCUBEをたたき上げていく過程でした。振り返ってみれば、一人一人が違う現場に関わっていて、それらの状況も、研究者としての感覚や考え方も多様だったからこそできた建設的対話だったと思います。本書は、執筆者6人と11のスポーツまちづくり現場の「あいだ」に生まれたと言えるでしょう。

　スポーツまちづくりは、地域に生きる人々が、その地域社会と住民のために、その地域のスポーツと生活を文化的・経済的に持続可能なものにしていくための絶えることがない実践です。決して一人でできるものではありません。多様な人が集って対話し、ともに知恵を出し合って、地域の近未来像やまちづくりの到達目標や戦略を「あいだ」に発見し、そして汗を出し合って取り組むことが必要です。お金を出せる人は出してほしいですが、価値を生み出して経済を循環させることを忘れてはいけません。

より深く学びたい人へ

▶セルジュ・ラトゥーシュ『経済成長なき社会発展は可能か？──〈脱成長〉と〈ポスト開発〉の経済学』中野佳裕訳、作品社、2010年

本書は脱成長論の概論書である。ラトゥーシュは経済、政治、文化、生活を「再ローカリゼーション」することを求めている。ラトゥーシュにおける都市とは、私たちが根づくべき生活圏が構成している多中心的ネットワークである。

▶見田宗介『現代社会はどこに向かうか──高原の見晴らしを切り開くこと』(岩波新書)、岩波書店、2018年

現代社会の方向性を見定めるうえで、人間の欲望や幸福の追求の仕方を考えることは重要である。人間の物質的欲望が限りなく増長するという固定観念を捨て、幸福感受性を奪還し、永続する幸福を追求せよと述べる本書では、スポーツを幸福追求の活動のひとつに挙げている。

注

（1）2018年現在のスタジアム・アリーナ改革は、スポーツ庁と経済産業省がとりまとめた「スタジアム・アリーナ改革ガイドブック」(2017年6月)にその方向性が示されている。改革の趣旨は、スタジアム・アリーナを多様な世代が集う交流拠点やスポーツ産業の開発拠点として捉え、広義の地域活性化や地域経済の好循環システムを構築していくことにある。

（2）日本でのスポーツツーリズム推進は、観光庁による「スポーツツーリズム推進基本方針」(2011年6月〔http://www.mlit.go.jp/common/000160526.pdf〕［2018年7月27日アクセス］)、日本スポーツツーリズム推進機構の設立を契機に全国に広がっている。

（3）スポーツによる地方創生に関わる国から地方への予算措置（補助金）は、地方創生推進交付金（内閣府）、スタジアム・アリーナ改革推進事業（文部科学省）、スポーツによる地域活性化推進事業（文部科学省）など（以上はいずれも2018年度）、コンパクトシティ形成支援事業（PPP／PFIの具体的な案件形成推進、国土交通省）など、さまざまにある。2017年度の地方創生フラッグシップモデル創出事業では、スポーツまちづくり事業がひとつの柱として設定された。

（4）脱成長の社会構想は、2000年代初頭からフランスやイタリアで始まった人類の生存の長期的展望を見すえた先進国社会の発展目標を転換する試みである。その思想的支柱のひとつであるセルジュ・ラトゥーシュ『経済成長なき社会発展は可能か？──〈脱成長〉と〈ポスト開発〉の経済学』(中野佳裕訳、作品社、2010年)による論考が参考になる。日本の脱成長論は、見田宗介『現代社会はどこに向かうか──高原の見晴らしを切り開くこと』(〔岩波新書〕、岩波書店、2018年)を参考にするといい。

あとがき
松橋崇史／高岡敦史

　本書は、6人の研究者が、スポーツまちづくりを横軸にして重ねてきた議論を、現場で実践に取り組んでいる方々に向けてまとめたものである。
　本書の構想は、著者の松橋崇史と岩月基洋が、岡山県訪問の際に、同じく著者の高岡敦史を訪れ、スポーツまちづくりについての談義をしたことから始まった。松橋と岩月は、それまでの調査のお礼と拙著（松橋崇史／金子郁容／村林裕『スポーツのちから――地域をかえるソーシャルイノベーションの実践』慶應義塾大学出版会、2016年）の出版報告のために、岡山県美作市に黒田和則さんを訪ねた帰りだった。黒田さんは、女子サッカークラブの岡山湯郷ベルの礎を築き、発展させた方だ。そんな黒田さんからも「高岡先生にお会いしたことはありますか」と美作を訪れるたびに聞かれていた。同じ学会に所属するもののスポーツまちづくりをテーマに深く議論することはそれまでなかった。3人の共通点は、スポーツまちづくりの実践に深く関わっていることだ。話をするなかで、本書のように、実践を意識した本を出そうということになった。研究フィールドにスポーツまちづくりの事例をもっているほかの研究者に声をかけ、プロジェクトが動きだし、月に1回程度のミーティング（ネットのテレビ会議での参加が半分）をおこなってきた。
　スポーツまちづくりCUBEは、そうしたミーティングのなかで発案され、それぞれが持ち寄る事例（本書で扱っていない事例を含め）を束ね、実践的なインプリケーションを導き出すことが可能なものへと整理していった。各自が調べた、ないし取り組んでいる事例を報告し合って議論をおこない、そのなかで原稿のブラッシュアップとCUBEのブラッシュアップを同時並行で進めてきた。
　プロジェクトのなかでは数回の共同フィールドワークもおこなった。登呂町（北見市）、北広島市、筑後市、大田区の事例はその過程で調べたものだ。秋田県能代市には全員で訪れ「バスケの街づくり」の実践を見学・共有した。これらの事例にかぎらず、本書に登場する事例を対象にした調査では、お忙しいなか多くの方々にお世話になった。お礼を申し上げたい。
　スポーツまちづくりに関する実践は数多存在し、その全容を捉えること

は我々でも容易ではない。調査に訪れてみて、想定以上に先進的な取り組みが展開されていたり、思いも寄らないビジョンを掲げていたり、ということは実際にある。

　我々がスポーツまちづくりCUBEを提案する最大の理由は、そうした事例群を語る（分析する）際の共通の土台（枠組み）を提供したいと考えたからだ。議論の土台があれば、成功事例も（動きだして1年程度の）駆け出しの事例も並べて語ることができる。事例ごとの立ち位置も把握しやすく、長所があればその要点を抽出しやすくもなる。

　各地の事例には「地域性」としてまとめられる特殊な要因が多くある。当然、「同じ」地域はない。時代が変われば同じ地域でさえ比べることが難しくなる。スポーツまちづくりの場合は、スポーツまちづくりCUBEの3要素に、それぞれの地域の特殊性が帰着することが多い。そうした要因を「特別なもの」として語るだけではなく、（すべてではないが）変えられるもの／作り出せるものと議論していく必要がある。そうした課題にどこまで答えられたのか、まだ課題は多いが、現段階の答えを枠組みとして示したものがスポーツまちづくりCUBEである。

　スポーツまちづくりCUBEが議論の土台になり、各地の取り組みが他所でも参照可能な情報として出てくることで全体としてスポーツまちづくりに関する議論が活発になればうれしい。本書を含め、そうした議論を経て生まれる知見が実践現場のみなさんの助けになり、スポーツを活用した幸せな地域づくりの一助になればと思う。今度はスポーツまちづくりCUBEの有効性が測られる番であり、多くの声をいただきながら、ブラッシュアップしていきたい。

　本書を執筆するにあたり、各事例調査で次の研究助成金を活用した。ここにお礼を申し上げる。

　　科学研究費補助金（研究課題/領域番号 15K01565）『地方都市におけるプロスポーツを核とした地域活性化——産官学による価値の共創プロセス』（研究代表者：小山さなえ、研究分担者：関根正敏）、2015年4月—19年3月

　　科学研究費補助金（研究課題/領域番号 17K13148）『メガスポーツイベントの関与自治体におけるソフトレガシーの構築方法の把握』（研究代表者：松橋崇史）、2017年4月—21年3月

あとがき

　最後に、実践的な書を出したいと提案した際に、その企画に快く応じてくださった青弓社の矢野未知生さんに大変お世話になった。厚くお礼を申し上げたい。

　　　　　　　　　　　　　　　　　　　　　　　　　執筆者を代表して

[著者略歴]

笹生心太
（ささお・しんた）
1981年生まれ
東京女子体育大学体育学部准教授
専攻はスポーツ社会学
著書に『ボウリングの社会学』（青弓社）、共著に『2020東京オリンピック・パラリンピックを社会学する』（創文企画）など

束原文郎
（つかはら・ふみお）
1977年生まれ
京都先端科学大学健康医療学部准教授
専攻はスポーツを対象にした人文社会科学（スポーツマネジメント、スポーツ産業論、スポーツ文化論、スポーツ社会学など）
著書に『就職と体育会系神話』（青弓社）、共著に『帝国日本と越境するアスリート』（塙書房）など

岩月基洋
（いわつき・もとひろ）
1978年生まれ
嘉悦大学経営経済学部准教授、慶應義塾大学SFC研究所上席所員
専攻はスポーツマネジメント、スポーツ政策
共著に『実践から読み解くスポーツマネジメント』（晃学出版）など

関根正敏
（せきね・まさとし）
1984年生まれ
中央大学商学部准教授
専攻はスポーツ経営学
論文に「総合型地域スポーツクラブの設立をめぐる正当性の確保と地域生活の歴史に関する研究」（「体育・スポーツ経営学研究」第23巻）など

[編著者略歴]

松橋崇史
（まつはし・たかし）
1982年生まれ
拓殖大学商学部准教授、慶應義塾大学大学院政策・メディア研究科特任准教授
専攻はスポーツマネジメント、スポーツ政策、ソーシャルイノベーション
共著に『スポーツのちから』（慶應義塾大学出版会）など

高岡敦史
（たかおか・あつし）
1978年生まれ
岡山大学大学院教育学研究科准教授
専攻はスポーツ経営学
共著に『健康・スポーツ科学のための調査研究法』（杏林書院）など

スポーツまちづくりの教科書

発行	2019年1月10日　第1刷 2022年1月26日　第3刷
定価	2000円＋税
編著者	松橋崇史／高岡敦史
発行者	矢野恵二
発行所	株式会社青弓社 〒162-0801 東京都新宿区山吹町337 電話 03-3268-0381（代） http://www.seikyusha.co.jp
印刷所	三松堂
製本所	三松堂

©2019
ISBN978-4-7872-3446-9　C0036

笹生心太
ボウリングの社会学
〈スポーツ〉と〈レジャー〉の狭間で

1960年代半ばから70年代初頭の爆発的なブームを起点にボウリングの戦後史をたどり、時代ごとに変わる社会的な評価や経営者・関連団体のイメージ戦略、人々の余暇観の変化などを明らかにする。現代のフィールドワークも踏まえて、その不思議な魅力を照射する。　定価1600円+税

中澤篤史
運動部活動の戦後と現在
なぜスポーツは学校教育に結び付けられるのか

日本独特の文化である運動部活動の内実を捉えるために、戦後から現在までの歴史をたどり、フィールドワークから教師や保護者の声も聞き取る。スポーツと学校教育の緊張関係を〈子どもの自主性〉という視点から分析して、日本の運動部活動の特異性を照射する。　定価4600円+税

松尾哲矢
アスリートを育てる〈場〉の社会学
民間クラブがスポーツを変えた

民間スポーツクラブのめざましい台頭が青少年期のアスリート養成のあり方や制度に大きな刺激を与え、スポーツ界全体の構造を変化させている。民間スポーツクラブの誕生と発展、学校運動部とのせめぎ合いをたどり、アスリートを養成する〈場〉の変容に迫る。　定価2000円+税

古川岳志
競輪文化
「働く者のスポーツ」の社会史

競輪は、戦後日本で公営ギャンブルとして誕生して、ファンの熱狂と度重なる廃止論のなか独特な発展を遂げてきた。選手とファンの関係、競輪場と地域社会など多様な切り口から、プロスポーツとして出発した競輪の戦後から現在までの歩みとドラマを活写する。　定価2000円+税

金子 淳
ニュータウンの社会史

高度経済成長期、「理想」や「夢」と結び付いて人びとの「憧れ」とともに注目を集めたニュータウン。50年を経て、現在は少子・高齢化や施設の老朽化の波が押し寄せている。日本最大規模の多摩ニュータウンを中心にその軌跡をたどり、地域社会の変貌を描き出す。　定価1600円+税